想象另一种可能

理想国
imaginist

千寻 与世界相遇

千寻
Navigand

Tu seras un homme -féministe- mon fils !

**性别平等教育
为了孩子们的自由与幸福**

当我生的是男孩

[法] 奥蕾莉亚·勃朗—————著
于歌—————译

云南人民出版社

致我的儿子

目录

前言 我们要养育什么样的男孩? 01

第一部分 一次孕期超声检查后 11
1. 在女性主义父母的脑海里 16
2. 上一代女性主义母亲们为男孩做了什么? 25
3. 培养女性主义儿子 31

第二部分 生女生男都困扰! 37
1. 你确定你没有在下意识地性别歧视吗? 42
2. 不!男孩的大脑并不是被设计出来读路线图的 51
3. "女孩的玩意儿"万岁! 62
4. 男孩也可以选择粉色 72
5. 玩洋娃娃与性取向无关 80
6. 笑对性别歧视 86
7. 在家里该怎么做? 92
8. 建议而非审查? 100

第三部分 向平和的男性气质迈进 109
1. 培养男子气概的学校 114

  2. 男性的恐慌　　　　　　　　　　120

  3. 终结有毒的男性气质　　　　　126

  4. 重塑男性气质！　　　　　　　139

第四部分　从情感教育和性教育出发　　147

  1. 男孩该如何学习去爱？　　　　152

  2. 破除对"性"的误读　　　　　161

  3. 针对男孩的性暴力　　　　　　174

  4. 给男孩的性教育　　　　　　　187

第五部分　（未来的）男性女性主义者在何处？　195

  1. 女性主义者的孤独　　　　　　200

  2. 一定能养育出女性主义儿子吗？　207

  3. 来自男性的声音　　　　　　　216

结语　再见！男孩工厂　　　　　　229

  尾注　　　　　　　　　　　　　234

前言

我们要养育什么样的男孩?

本书源于一个追问：一个女人在成为妈妈前，是否首先应该是一个女性主义者。很难说我究竟是在何时开始产生女性主义意识的。也许十二岁时就已经有了，那时我一人走在街上，就会不时地被人色眯眯地打量、吹口哨，甚至被叫作"小婊子"。也可能是我十五岁那会儿，一个男性朋友信誓旦旦地对我说："只有那些'出来卖的'女孩才会在咱们这个年纪和男人上床。"又或者是在我十七岁那年，一个年纪大得都可以做我父亲的男人在地铁里摸我的屁股。也可能是在我十八岁时，听见男生们把那些令他们浮想联翩的女孩叫作"母狗"。还有可能是当我二十岁时，一个陌生男子给我十欧元，要求我看着他在街上自慰。总之，我很快就明白了作为女人意味着什么。

我所经历的和所感受到的这些暴力和日常生活中的不公，绝不是特例，而是所有女性注定会遇到的事情。我们都不同程度地遭遇过侮辱、厌女言论、性别歧视，甚至性侵害。这些暴力随时随地都会发生：在伴侣关系或家庭关系中，在职场或街头，在学校里或在朋友间，在医疗服务场所或体育俱乐部……它们充斥在生活的各个领域，甚至不断地出现在电视或者其他媒体上，以至于最后我们脑子里想的全是这些玩意儿。无论这些暴力规模是大，是小，是充满戏剧性的，还是可悲平庸的，它们之间都相互关联，形成了一个有连续性的整体。

从严重程度来看，关于性别歧视的笑话、街头骚扰、家庭暴力和针对女性的谋杀之间的确有所不同。但是，它们都在父权制这一系统中环环相扣，也就是说，整个社会的权力都是由男性来掌控的。八千多年来，这一系统建立在性别歧视的意识形态之上，而这样的意识形态又"反哺"了以下观念：女性劣于男性，男女之间就该被赋予不同的角色。这些观念长久地被合法化，也使针对女性的暴力行为一直被延续下来。可以说，这样的意识形态是造成严重的社会、经济和政治不平等的根源。暂不讨论女性投票权的问题（法国女性直到1944年才获得投票权），时至今日，放眼世界，各国最高领导人中也只有16位是女性（仅占最高领导人总数的8.3%）。与此同时，在全球范围内，女性贡献了66%的劳动力，提供了50%的粮食[1]，而其收入总和却仅占全球总收入的10%，仅持有全球总资产的1%。[2] 在这种情况下，全世界总贫困人口中70%[3]是女性的事实，也就不会让人感到意外了。所有这些都表明，在性别歧视的表象之下，权力本身才是问题的核心。

当然，并不是所有男性都掌握着权力，也不是所有男性都在压迫女性。不过，一有人将"不平等"和"性别暴力"的议题摆上桌面，就马上挥舞"不是所有男人都这样"的大旗，也是大可不必的。我们当然明白，不是所有男人都是欺凌者或强奸犯（还算走运）。在这里，我们谈论的不是作为"个体"的男性，而是作为"社会群体"的男性。需要更进一步指出的是：在他们之中，有些人由于肤色、性取向、贫穷或者残疾等问题，同样承受着社会支配的恶果。反之，身为女性也不意味着就完全不会产生性别歧视的行为或想法。换句话说，不存在全是模范的"好人"一方，也没有都如野兽般对待女性的"恶棍"一方，只存在男性和女性共同生活于其中的父权制社会。我们都是这个社会系统的一部分：它塑造了我们，影响我们的行事方式，支配我们的人际关系。人人各就其位，甚至没有意识到，自己正助力使男性统治一直延续下去。是的，这也包括女性自身在内。直到有一天，我们意识到有终结父权制的可能。

作为女性主义者，意味着她/他已经意识到男性统治的存在，也意味着能够理解男性统治并不是命中注定的：这不过是思维固化和自古以来社会组织形式运行的结果。但是，男性统治并非牢不可破。我们同样也清楚，必须瓦解整个性别歧视系统才有可能获得真正的平等。需要强调的是，真正的平等并不意味着我们彼此之间的绝对一致。平等不等于"完全一样"，恰恰相反，它不会让我们的差异（无论是真实的还是假定的差异）成为不平等、歧视和暴力的借口。因此，女性主义者要求的就是平等：不仅要求权利平等，也要求在现实中、日常里的各领域都平等。就算法国女性获得了投票或受教育的权利，也不代表所有不平等就都神奇地消失了。无论是在卧室里，还是在国民议会的座席上，无论是在学校的操场上，还是在电视节目中，女性仍然在为历史悠久的父权制付出代价。为了能够被听到、被尊重、被认可，不论选择了哪种生活方式，哪怕取得了不可否认的进步，女性都必须继续抗争。

当我进行了深入的研究后，我不仅意识到了男性统治的原动力，还发现了所谓的"女权人士"并不存在。那些被指责为"想发动性别战争"的女性，与那些被轻易概括为"歇斯底里的女妖"和"性冷淡者"的女性，所提出的诉求大不相同。尽管她们发出的呼声都是在捍卫男女平等，但妇女解放运动并没有走出整齐划一的步伐。这些有着不同背景的女性（也有男性）所触及的社会问题多种多样，很难在道路的选择上达成一致。对以穆斯林头巾的佩戴、性工作和代孕为代表的几大议题的争论，造成了目前欧洲妇女解放运动内部的巨大分歧。这充分说明了女性主义不是单一的，而是多元的。我个人认同比较包容的女性主义：意识到每个女性的特殊性（人的背景、经济水平、肤色、宗教或身体都会有所不同），承认每个女性都拥有自决权。所以，我无法认同以"解放女性"的名义规定某个人或某些人应该如何举止或着装的观点。20世纪70年代的女性的招牌口号"我的身体我做主"(My body, my choice)就是我自己对女性主义的信念。我希望有一天能看到对女性的不平等和暴力现象的消失,我也希望她们最终能够按照自己的意愿定义自己和生活。同样,我也梦想看到每个人都能做自己,同时不会因为做自己而遭受误解、区别对待或暴行。

我的女性主义之路并没有因为成为一名母亲而终止。如今我希望能够把这些价值观传递给我的孩子们。就目前来说……是传递给我的儿子!如果我们不以真正平等的视角去教育下一代,又怎么能够结束性别歧视呢?是的,就像本书书名所说的一样:我希望养育一个女性主义男孩[1]。他将来不会蔑视女性,也不会骚扰女性(无论是在街头或是在职场);他不会强迫女性与他发生关系,不会殴打女性,更不会不公正地对待她们。但同时,我也期盼着培养出一个能对性别不平等现象有所意识的男人(我想到那时,性别不平等依旧存在),他将会更敢于反对带有性别歧视的行为和言语,或许还能够真正做到:在家里和在职场中都能够同样践行性别平等。总之,他会是一个能够与男权统治作斗争的男人,像做家务、休产假、去学校接孩子等问题都会是这场变革斗争中的一部分。

但是,以上的期待也只是纸上谈兵。在充满了性别歧视的社会中,要教育出一个反对性别歧视的男孩,具

---

[1] 本书原版书名为《儿子,你要做个女性主义者》。

体要怎么做呢？今后，我们要怎样才能让男人们意识到性别平等问题？毕竟，他们是最能从男权统治中获利的。这个问题一直困扰着我，于是，我开始搜寻或许能够为我指明方向的书籍和信息。令我惊讶的是，我什么都没有找到。所有促进性别平等教育的举措都是针对女孩和她们的父母的，就好像女孩们就该独行于通往平等的道路之上，好像男女不平等、基于性别歧视的暴力也只与女孩们有关，而和她们的兄弟们毫不相干。几十年来，我们对针对女孩的教育提出了严重质疑（还算好），但男孩们远没有经历过同样的变革。我们鼓励女孩们克服刻板印象并捍卫平等的同时，却继续以深具性别歧视的衡量标准和教条主义去养育男孩。

如何扭转趋势？从何开始？在缺乏现成指导的情况下，由于急于得到答案，我做了我最擅长的事情：从专家、学者、健康和教育从业者，甚至其他女性主义父母那问询信息。在漫长的调查过程中，我想弄清为什么关于性别的刻板印象会祸害我们的孩子（不仅仅是对我们的女儿），而我们又该如何做才能够限制它的影响力。我想了解为什么男孩们被引导着发展出了一种会伤害别人的"男子气概"，以及我们该如何帮助他们摆脱传统男子气概的束缚。我试着寻找出路，在充斥着性别歧视和过度性化的社会中成长起来的男孩们，如何才能构建出既充实又尊重他人的亲密关系。然后，我还想了解那些自视为女性主义者的男人们的心路历程，他们现在正以各自的方式努力结束男性统治的局面。

这些探索与研究的成果都被我写进了这本书中。在这本书里,你不会找到那种能让你培养出完美女性主义者的万无一失的秘方,但你一定能找到清晰的思路和实用的方法以应对日常生活中的方方面面。本书并未声称详尽无遗,但它试图为(真正的)平等主义教育奠定基础,并阐明女性主义对我们的儿子们来说意味着什么。

男性统治在赋予男孩们一定社会特权的同时,也同样给他们设置了陷阱。从孩提时代起,他们就被要求表现得"像男人一样,做真正的男人",为此他们必须不断证明自己的男子气概。因为我们希望他们是强大的、坚强的(尤其是不要"娘娘腔"),所以我们拒绝赋予他们脆弱和敏感的权利。被严苛的"不准软弱,永远坚强"的原则所束缚,男孩们被迫压抑自己的情感,也不得不为了避免被认为"女性化"而放弃投身于多个活动领域。这种对男性气质的极端标准化不仅是暴力侵害女性行为的根源,实际上也在折磨着男性。这也是一些男性目前正试图解构这种古老模式的原因,他们更倾向于形式多元的男性气质,摆脱教条的男子气概,以让自己更加从容。

女性主义的教育方法并不会要求男孩遵守清规戒律,正相反,它能给男孩提供发展其独特个性、培养其真正自由的机会。每个人都能自由保留自己之已有,并自由创造自己之将来。

第一部分

一次孕期超声检查后

现在回想，我们当时的表情依然历历在目。在那个小小的超声波室里，我和丈夫略带恐慌地盯着彼此："嗯……就在刚才，是只有我看到了，还是我们都看到了性器官？是那儿吗？"该死啊，我们预约了孕中期的产检，当天的一个重要任务就是不能带着与孩子性别有关的信息离开。尤其是这个阶段，我们不想知道宝宝是长了睾丸还是阴道，不想知道孩子生出来是男孩还是女孩。我们俩不约而同地看向了助产士，还好只是虚惊一场。她给我们喂了定心丸：我们什么都没看到。她知道，与85%的法国父母不同[1]，我们希望保留胎儿性别的神秘感。

对我来说，这是顺理成章的事，甚至在我怀孕之前就已经想好了。一切随缘，我们想把惊喜留到孩子出生的那天……这么说吧，这过程中的种种都能让我乐在其中。我喜欢这种不确定性。此外，我也知道无论生的是女孩还是男孩，我都会非常开心地迎接这个宝宝。虽然我的伴侣还有一些小小的保留，但也算抱有与我同样的心态。我们能够成功地战胜好奇心吗？他是否能够在代入父亲的身份后，依然把秘密守护到最后一刻？答案是——是的！我们达成了共识，做好了准备来面对未知。

然而，几个星期后，一个念头开始占据我的脑海：我怀了个男孩。当然，我对此并没有把握。不像身边那些人，他们只要看看我的肚子或是盘中的食物就能够言之凿凿地给出答案。我有的只是某种预感，但这直觉如此强烈，以至于最终成了一种信念，难以消除。我坚信自己将会生下个男孩。坦白说，这个念头对我的冲击比我想象的要大。

毕竟，我们不该把"是男孩还是女孩"这样的问题放在心上，不是吗？关于性别的刻板印象和胎儿性别预测对我们来说都太不能接受了。作为女性主义者，我们更倾向于对性别歧视发起挑战，拒绝性别标签和禁锢。按理说，我本不该被我还没出生的孩子的性别所左右。但是，当我告诉自己"我肯定会生男孩"时，我觉得我的腿都软了。还好这没持续太久，大概就几秒钟的时间，刚好够用来承受一点儿压力和内疚感。但是我的伴侣完全不在乎，对他来说，女孩或男孩只是一个无关紧要的话题。他的反应增加了我的困惑。怀了个男孩到底改变了我内心深处的什么？仔细一想，这确实改变了很多。

我甚至没有意识到，我一直在幻想着生个女儿。要说理由的话，或许是有很多因素在这个复杂的亲子关系中起着作用，比如亲密关系、自恋、家庭、社会投射等，但最重要的是，我有一种感觉，就是和女儿在一起，我会很自然地知道该传达什么，该说什么，该做什么。我本能地就懂得应该教给她什么样的方法、给她树立什么样的榜样，才能让她成为独立自由的女性，成为一个即便面对不平等的世界也能对自己和梦想充满信心的人。总之，我能清楚地预见（至少是在理论上），为了培养符合女性主义价值观的女儿，我的前行方向在哪儿。但男孩的话……那就是另一回事了。

我彻底蒙了。我儿子会变成什么样的男人？我们抚养的孩子，未来会当着路人的面用言语骚扰女孩吗？他会花大把时间贬低"女孩那点儿事"吗？他会把三分之二的家务都留给他的伴侣吗？[2]他会坦然接受比他的女同事挣得更多，且假装不知道这有问题吗？或者，他会成为改变世界的人之一吗？我有一堆的问题……却完全没有答案。

1.
在女性主义父母的脑海里

不惜一切代价生男孩？

一般来说，父母更喜欢男孩。我们在学校里就是这么被教导的，不是吗？几乎全世界的人们都在想尽办法避免生下"弱势性别"的后代。即使在今天，为了提升"中奖"概率，所有方法都值得一试：严格的饮食管理，多少有些创意的造人体位，求神拜佛或是寄希望于"巫术"等。多亏了最新的科技成果，有的人甚至可以选择孩子的性别（在试管婴儿的前提下这是被一些国家允许的，比如美国和泰国）。而那些负担不起高昂费用的人，只好选择堕掉女胎。欧洲委员会在2014年就特别指出过[3]："选择性堕胎"在亚洲以及欧洲部分地区都很普遍。这种现状只涉及女孩，因为在世界上任何地方，我们都没有观察到针对男胎的产前歧视。也正因如此，法国国立人口研究所的最新研究指出，近三十年来，我们无情地见证了一拨"新生人口的男性化"[4]。选择性流产远比我们认识到的更加泛滥,以至于在最近几十年中造成了"世界上一些国家的男性出生比例增长异常"的现象。平均而言,每100个女孩出生,相应地就有105个男孩出生。但是在那些产前性别选择现象比较常见的国家,平均每100个女孩出生,男孩出生数量就会超过110个,有时甚至超过115个。换言之,这个星球上"流失"了大量的女性。我们要记住,追求生男孩的文化偏好与人口赤字直接相关。

在西方,选择性流产非常少见,但这种对男孩的偏爱也不会真正从我们的社会中消失。在法国,调研机构益普索[1]在20世纪90年代中期就关注过这个主题,并做了问卷调查:"如果你只能要一个孩子,或者两个同性别的孩子,你偏好哪个性别?"[5]结果显示:更多的受访者相比起女孩(27%)更愿意要男孩(37%)。近二十年后,无论是在关注父母议题的媒体上,还是商业网站上,这个问题都依然热门。比如在2013年,美国促销网站"你的优惠券代码"(Coupon Code 4 You)就该话题询问了2000多人,其中超过47%的人希望头胎是个男孩(21%的人选择了女孩[6])。选择的理由呢?仅仅是因为这些父母相信养男孩会更轻松,男孩能照顾他们的兄弟姐妹,或者是男孩能传宗接代。应该是基于同样的原因,当人们得知你生下儿子时会热烈地祝贺你:"啊! 男孩……太

---

[1] 益普索(Ipsos)是全球知名的市场研究集团,于1975年成立于法国巴黎。

好了，是个男孩！"这里的潜台词就是："比女孩好！"

但是当我们拿出放大镜，更审慎地近距离观察关于这个主题的研究时，就会发现，人们的喜好会随着性别和社会地位的不同而发生变化，以至于事情会变得更加微妙复杂。由法国国立人口研究所和法国国家健康与医学研究院牵头进行的大型调查《法国儿童纵向研究》就揭示了这点。这项研究史无前例地追踪了2011年在法国本土出生的20000名儿童，且动员了各个领域的研究者参与调研，其中就有人专门关注父母对胎儿性别的预测。

那么，这些新晋的父母对于第一个孩子会有什么特别的期待吗？大多数（60%）父母给出的答案是没有。但是对那些有期待的人来说，他们总体更加偏向要男孩。实际上，尤其是父亲一方会这样想（25.5%的父亲想要男孩，15%的父亲想要女孩）。从母亲一方来看，结果会更加均衡：20%的母亲期待生女儿，而21%的母亲想要儿子。但无论如何，我们都观察到同一个现象：父母受教育的程度越高，他们就越渴望要一个女儿。

女性主义父母（通常）想要女儿

女性主义父母并未包含在统计中，而这类父母似乎对"第二性"保有偏爱。无论是在媒体、学术研究还是社会活动领域，都少有人触及这一问题，更不用说这还是个很让人忌讳的话题。然而，问题终究会浮现。在法国，数学老师兼《石板》(Slate)杂志的专栏作家托马斯·梅西亚斯(Thomas Messias)将问题摆上了台面。他于2017年3月发表了一篇文章,几乎是当时唯一一个公开讨论这个问题的人。他提出了假设:"渴望成为母亲的成年女性主义者往往希望生下女儿,并将之培养为能够意识到自己权利的女性。"[7]他还描写了自己作为女性主义父亲的纠结。

起初,人们以为,充分意识到男权社会中利害关系的父母肯定会更放心地要男孩,因为男孩将免于遭受各种基于性别的暴力和不平等待遇。但是他们错了,对于许多女性主义父母而言,在一个歧视女性的世界中抚养女儿,最终会让他们觉得自己为消除不公正和不平等做出了贡献。可以说,凡事都有两面性。在父权制下养育男孩也需要承担风险,那就是未来某天可能会看到自己的后代成为引起问题的一部分。就像托马斯·梅西亚斯的幽默总结一样:"帮助大卫尝试击败歌利亚,似乎比阻止歌利亚成为失控的怪物更可行。"[1]虽然讽刺,但很有道理。

那天早晨,当我读到他的文章时,我感到如释重负:原来我不是唯一一个心存疑惑的人。还有其他父母和我一样,也想知道怎么养育出没有性别偏见的男孩,也就是女性主义男孩。

---

[1] 大卫和歌利亚均为《圣经》中的人物。在故事中,牧童大卫投石击败了拥有无穷力量的巨人勇士歌利亚。

内心的恐惧

女性主义父母们都会问自己这样的问题吗：我们亲爱的小宝贝某天会不会变成性别歧视的可怕帮凶？这的确很难说，因为从来没有出现过针对这个主题的研究。但只要把话筒交给那些出色的女性主义父母一小会儿，就能充分证明这个话题有多么值得探讨，更何况，它体现了父母们实实在在的焦虑。当我在脸书（Facebook）上的一个女性主义父母小组里发起讨论后，我就意识到了这一点。我在留言里问他们，生男孩的事实是否引起了他们对女性主义信念的担忧。几个小时后，我就收到了数十个回复。巧的是（或者不巧的是），现身说法的全是女性。当然，并非所有人都面临同样的困扰，也有一些人能够从容地生活，对自己传递给儿子的价值观充满信心。就算这样，我还是对她们当中很多人反复提到的"问题""恐惧"和"焦虑"感到震惊。更糟糕的是有人还是孕妇。

其中一个叫伊丽莎白的二十八岁布鲁塞尔女孩的留言尤其令人印象深刻。她说，当得知自己的第一个孩子将是男孩时，她哭了，在那一刻，**她突然害怕自己会在家里被孤立。**她坦言："我有时会感到我的爱人并不理解我的某些感受，因为他不是女性，没有作为女性生活过的经验，这常常会引发我深深的孤独感。我曾幻想如果我有个女儿，就等于有了个盟友，有了个能与我互相理解的人，而我与她的交流也会更顺畅。"

因为在不同情况下遭遇过不同程度的暴力、男权统治和性别歧视，大多数女性主义母亲都有这样的担忧。即便是没有任何不为人知的创伤，她们也会面临另一个问题：**担心不知道如何与儿子打交道**。伊丽莎白告诉我："从教育的角度来看，在不贬损和不打击孩子的前提下，传给女儿成为独立强大女性的秘诀，要比促使儿子质疑他在社会中的主导地位容易得多。"

对另一些父母而言，他们的疑虑是随着时间的推移逐步增加的。埃莱娜就是这样的例子，她四十二岁，住在法国奥尔良市，是一名采购经理。她育有三个孩子，其中包括一个五岁的男孩。"最初我很是高兴。虽然在内心深处，我不太在意孩子的性别，但是因为我已经有两个女儿了，他就像是天赐的礼物。那个时候，我还完全没有意识到这些问题。"她回忆道。但是慢慢地，恐惧感出现了。要逆流培养一个反对性别歧视的儿子，没那么简单。时间不但没有减轻她的担忧，反而让她的苦恼与日俱增："在他们很小的时候，我们能够对他们产生很大的影响，但是这种影响会减弱。要知道，我们的儿子有可能通过骚扰、殴打甚至强奸妇女来使强奸文化永久化，而这一结果或许与我们传递给他的教育有关。光是想到这些我就有巨大的压力。养孩子太难了！"

来自巴黎蒙特耶区的四十四岁老师埃洛迪也没有想到养儿子这么难。她的两个儿子分别是十一岁和九岁。

刚开始，他们的出生让她感到解脱。在经历了和母亲之间的糟糕关系后，她觉得儿子更合适她！但随着时间的推移，她看到了那些迫在眉睫的问题。对她来说，**最困难的部分在于孩子们被期待遵循的刻板印象和教条太过强大**。她承认："社会、学校甚至全世界都在告诉他们，男孩不会哭，女孩既奇怪又被动，或是男孩都喜欢足球……在他们出生之前，我从来没有如此强烈地意识到偏见的力量！"

榜样的缺失

对于女性主义父母来说，培养男孩这项任务有时看起来很繁重。绝无欺瞒，事实就是如此！尤其是当我们缺乏养育男孩的基准时。这是新闻记者、作家克拉朗斯·埃德加-罗萨（Clarence Edgard-Rosa）向我强调的观点。二十九岁的她用心经营着博客"情爱女书"[8]（Poulet Rotique），最近刚生下头胎，是个男孩。她一开始就深信自己会迎来一个女儿，从没想过会生男孩。"医生告诉我这个消息时，言辞中暗含着性别偏见：'他很活跃，是个真正的小伙子！'我当时非常震惊。自从知道孩子的性别后，烦恼就来了！"

从那以后，在她观看短片、看电影或听歌时，总是被同一个问题所困扰：她的儿子将带着什么样的男性气质长大，**要以哪些积极的榜样为参照**？她说："当你是女性主义者时,有些事情会在抚养男孩的过程中让你晕头转向。在社会层面,我们确实缺乏有吸引力的榜样:一个知名的男性,他既是女性主义者,又对男性气质有真正的思考,还有点儿'酷'。一个男孩们会认同的家伙……在法国,我可找不到。"而她不是唯一这样想的人。

如今,即便性别歧视的映射仍然随处可见,并且对女性造成的伤害更大,但是我们也很容易让女孩们知道,不是只有符合那个唯一的标准才能被叫作女人。"实际上,从短期来看,引导男孩追求力量、权力,成为重要的人,敦促他们成为迷你版的支配者,对他们并不会产生太大损害。但总的来说,对于结果我们心知肚明。告诉一个女孩她只要漂亮就够了,是极为落后的观念。而对男孩来说,情况更为复杂。"克拉朗斯·埃德加-罗萨强调说。

这也难怪女性主义父母会感到力不从心。与周遭的人聊得越多,类似的话听得越多,我们就越明白确实很多人都持有同样的疑惑、同样的不确定性,我们在开展性别平等教育方面也遇到了同样的困难。要重新思考怎样塑造男性吗?这样做的目的又是什么呢?在我们身边,仍然存在很多阻力。我们必须斗争,有时甚至在家庭内部也要斗争。没错,为了表明平等在家里也可以实现。

但现实很矛盾:尽管女性主义父母的数量越来越多,多到足以令人信服,可我们还是会不时地感到非常孤独。当然,我们也会时不时碰到一些(男性)朋友或是家长来就这些话题发表意见,但回到日常生活中,女性主义父母依然孤立无援。就像在旷野中迷失的士兵,我们试图找到自己的方向,却没有任何真实的榜样或者案例作为参考。

2.
上一代女性主义母亲们为男孩做了什么?

她们不太关注养育男孩

我常在想,我们的女性主义前辈们,尤其是那些经历过甚至曾投身于"第二次妇女解放运动"中的人,是如何看待给男孩的教育的? 20世纪60年代末起,这一妇女解放运动席卷了西方,女性主义者们接过前人手中的火炬,在其所争取到的公民权利(选举权、教育权)的基础上,继续捍卫女性支配自己身体的权利(避孕、堕胎、性自由),她们对夫妻间和家庭中的父权制结构提出了质疑,并起身反对性暴力和家庭暴力……这场斗争可以用一句口号来概括:个人的即政治的(The personal is political)。在这样的背景下,儿童教育被放在了什么位置呢? 在妇女解放运动的众多小组中的某个聚会上,当她们谈论自己与母亲的关系时,是否也讨论了自己的教育实践？在《直面杂志》(*La Revue d'en face*)或《格里芬手册》(*Les Cahiers du Grif*)等女性主义出版物中，她们是否像谈论性、家务劳动或家庭暴力一样谈论过教育？

如果我们对关于这个问题的少数研究还心存信任的话，就会明白情况并非如此。在20世纪90年代初期，社会学家萨比娜·福蒂诺（Sabine Fortino）就研究过这个问题并指出，围绕教育问题呈现出了"大面积沉默"甚至是"不去想"的现象。[9]这倒不是因为"邪恶的"女性主义者天生就讨厌孩子（我已经看见她们在摩拳擦掌了），只是在那个时候，女性们正专注于自己的解放。当她们论及教育时，也总是指向女孩，对男孩的教育并不在其辩论范围内。

如今，这些女性主义前辈们也上了年纪，与我们的母亲甚至是祖母年龄相仿，她们中准有人养育了儿子。那么，她们是如何摆脱困境的？她们在多大程度上挑战了从前盛行的为男孩制定的规范和教育方法？她们是什么样的家长？历史没有给出答案。但可以肯定的是，我们今天看到的图景很难令人感到满意。

令人不安的女性主义母亲们

"你妈是女性主义者？哇！那可真够你受的！"看吧，总的来说，这就是我最常听到的话，人们的语气都既遗憾又震惊。要知道，对我们这代人来说（我出生在20世纪80年代），母亲是女性主义者并不是什么值得炫耀的事。这更像是某个我们在青少年时期谈论的令人羞耻的秘密话题，甚至是都市传说。连我自己也是，在很长一段时间里，我会把女性主义母亲看作某种狼人，某种毛茸茸的邪恶生物——我们从未亲眼见过（感谢老天），但我们明确知道它们存在，因为"朋友的朋友"曾经见过。当然，他们是在没被生吞活剥的情况下见过。前不久，有个朋友告诉我："你知道吗？我哥们儿马里于斯的妈妈是个女性主义者，那种真正的女性主义者哦。说实在的，那家伙很受打击，和他都不能提这事。"好吧，一个可怕的有阉割情结[1]的女性主义者……这种观点由来已久了！

久而久之，我开始怀疑，我们对这些母亲的印象是否完全是扭曲了的？如果是，倒也没什么可惊讶的，女性主义者总是被简化成各种带有讽刺意味的形象，比如歇斯底里的女妖、被压抑的女同性恋、"婊子"或是怀有阉割情结的厌男者（是的，这些都是）。即便如此，在系统地听到这些关于女性主义母亲们的负面描述后，我还是不禁自问，真的是这样吗？这就是作为一个女性主义母亲的意义所在吗？说实在的，还要多谢这些人提醒，

---

[1] 在弗洛伊德的理论中，"女性是被阉割的男性"，女性的阉割情结表现为因缺少阳具、有阉割焦虑而歇斯底里。而以波伏娃为主的女性主义者证明，女性并非他者，弗洛伊德的视角是父权的、局限的。

我的答案是否定的!

她们害怕掌握不好分寸

极少有人会去关心女性主义母亲们具体是怎样为人母的。社会学家卡米耶·马斯克莱(Camille Masclet)是其中之一,她也是法国唯一对此问题进行过专项研究的人。八年间,她一直在追问"第二次妇女解放运动"的活动家们是如何把她们的女性主义财产传递给子女们的。为了完成论文[10],她拜访了42位1970年至1984年间活跃于里昂和格勒诺布尔的女性主义者(以及其中15位的子女们)。一个突出的发现是——用她们自己的说法——她们不想表现得像个"老兵"。"总的来说,她们很少给孩子讲自己在那些运动中做了什么,参与了哪些斗争……**她们不希望自己激进的过去给孩子带来压力。**"当我们坐在一个小酒馆里交谈时,卡米耶·马斯克莱这么告诉我。

然而她也观察到,她们经常向伴侣分享自己的信念,而这些信念又对家庭生活产生影响。通过她们与伴侣和孩子的互动,这种女性主义财产得以传承。**但是相比起儿子们,这种传承在女儿们身上更为明显**。对女儿,她们毫无保留地分享了自己的女性主义价值观,相反,在面对儿子时她们的表现更加微妙,甚至是彻底地自相矛盾。"其中一位母亲对我说:'我先有的是女儿,我自信养育她会很简单，因为我的经验是有价值的。但后来，我的儿子出生了，我意识到自己似乎在努力对抗我的经验理论，这让事情变得更加复杂了。'能感觉到相比起女儿，她们和儿子在一起时更加敏感，也更容易动摇。"卡米耶·马斯克莱直接指出了这种自我审查的效应。

即便这些妈妈是女性主义者，她们也不想走得"太远"。"男孩的'脆弱性'被不断提起，但这种表述很大程度上源于无意识，并与这些女性自身的社会化方式有关。毕竟，她们也是以非常传统的方式长大的。"卡米耶·马斯克莱分析道。以至于现在，在面对如何养育自己的儿子时，这些女性主义母亲感到非常矛盾。她们感到双重的内疚：既自责没有以足够女性主义的方式抚养儿子，又害怕做得太过头了。

她们仍然推动了变革

因此，严格来说，这些参与了"第二次妇女解放运动"的妈妈们不但没有打破任何传统模式，甚至还复刻了她们自己接受的许多教育原则。在进退两难间，她们并没有对教育男孩的方式进行彻底的改革。不过，她们还是与伴侣一起采用了一些比较创新的育儿方法，**依靠反对刻板印象和赋权来支撑她们的教育方式**。对于她们的儿子，这些家长有两点格外重视。

首先是参与家务劳动。这已然是一场小革命了！"让这些未来的男人自主地完成他们本应完成的家务，是她们那代人所面临的主要挑战之一。"卡米耶·马斯克莱对此强调。

其次是与暴力的关系。这些家长不希望激发儿子的侵略性。比如，他们不会买跟战争有关的玩具，或者面对不同性别的孩子时，会采用不同的方式与他们讨论暴力：鼓励女儿正当防卫，劝诫儿子不要打架。卡米耶·马斯克莱进一步解释："一般来说，会这样做的人都自称是非暴力的。但更普遍的情况是，她们警惕着被认为有支配性的男子气概行为。"

在没有理论指导或集体运动支撑的情况下，这些女性主义父母还是以自己的方式将孩子抚养成人了。总体而言，他们的孩子比老一辈人更具有平等意识，更不容易进行性别歧视。[11]如今，这些女性主义者的后代们也到了做父母的年纪，该轮到他们思考：在这个鼓励男孩高枕父权制温床的世界中，如何才能抚养出性别歧视不那么严重的儿子？

3.
培养女性主义儿子

我们在关注养育男孩吗?

当意识到我们将要抚养一个男孩时,我就发现问题实在太多了。让我尤其感到遗憾的是,尽管世界在慢慢变好,但人们依旧没有发明出一种疫苗,足以让我们的孩子对性别歧视免疫。在无数个失眠的漫漫长夜中(唉!所谓怀孕的乐趣),我反复思考了这些问题:从女性主义的角度抚养一个男孩,具体意味着什么?有没有一本可靠的教材,能指导我们去完成那些必修课,以防未来的某一天家里会出现一个迷你版的大男子主义者?

在这个紧要关头,我做了大家都会做的事:上网寻找答案。"小不点儿"[1]在我的子宫里"玩过山车"时,我老

---

[1] 原文为"Zygoto",拼写近似于法语单词"Zygote"(受精卵),因此理解为是作者对自己还未出世孩子的爱称,并在本书中描述孩子出生后的事情时对孩子沿用了这一称谓。中文语境中父母对未出世的孩子也常常用"小不点儿"指代,因此此处翻译为"小不点儿"。

派地在谷歌上搜索着类似"养育性别中立的儿子"这样的新锐词条。由于这个网络巨头几乎能够挖掘出人类能想到的所有好点子（或是坏主意），我以为只要点点鼠标就能得到答案；但很快，我就失望了。无论我在网上怎么搜索，都没能找到什么东西，完全没有。我尽全力设法找到了一两篇比较接近的博客文章。没错，看吧！其中一篇提出了"平权教育的十项建议"。厉害！然而后半句是"给有女儿的父母，因为男孩们……"好吧，实际上还是没有击中我的要点。

鉴于在上网冲浪中一无所获，我转而去书里碰碰运气。离我办公的地方仅一步之遥的就是紫罗兰与伙伴书店（Violette and Co），这是巴黎唯一一家聚焦女性主义、同性恋和性别议题的书店。在那里，我肯定要乐不思蜀了！2月的一个晴好夜晚，我来到这家店里，相信着等我离开的时候多多少少会找到一些我想要的资料。但我的信心很快就被击垮了。我不停地找，找啊找……还是一无所获。即使在儿童文学类书籍中，我也无功而返。无一例外，关于平权教育的书籍都是写给女孩的父母看的。带着有点儿绝望的心情，我求助于书店老板，她也找了又找……直至认输（我也是）。她得出结论："这是一本等待被写就的书。"说者无心，听者有意。回到家后，我就决定：既然如此，就让我来写这本书吧！

从那时起，我便开始收集整理所有可以帮助我回答这个问题的资料。学术研究、真人故事、文章……我对一切都感兴趣。但我不得不面对的事实是：在女性主义和教育的交集处，男孩很少被提及。

在2017年初，我准备写这本书时，**但凡谈到性别平等教育，我们都只针对女孩，只有女孩**。在我开始这个写作项目时，尼日利亚作家奇玛曼达·恩戈兹·阿迪契正好出版了《亲爱的安吉维拉：或一份包含15条建议的女权主义宣言》[12]。作者的朋友安吉维拉是一位年轻的母亲，她想知道她的女儿应该接受什么样的教育，而作者则以一封信的形式回复了她。在书店众多的书籍中，这本小册子并不是最早讨论这个议题的书。早在1973年，意大利教育家埃莱娜·贾尼尼·贝洛蒂就撰写了《站在小女孩一边》[13]一书。这本论著很有影响力，在法国的发行量达到了25万册。在这本书里，作者呼吁大家在社会学调查结果的支撑下重新思考养育女孩的问题。比这还早六十年，法国精神病学家马德莱娜·佩尔蒂埃（Madeleine Pelletier）已在《给女孩的平权教育》（1914）一书中倡导了与贝洛蒂相同的观点，这是一本写给女性主义父母的实践指导手册。

如今，旨在鼓励女孩摆脱束缚的书籍在人们的书架上多少占据了一席之地，家长们也能够借助游戏、电影等大量资源，向孩子们展示平等是可能的，女孩可以成为自己想要成为的样子，做自己想做的事。对以上这些变化我没有什么好抱怨的！要知道，在此前几十年间，女性获得了权利，她们从小处着手，循序渐进地争取自由。正是基于此，从前盛行的教育方法才顺理成章地得到一定程度的修改。

当下要考虑的关键问题是：我们忘了更新给男孩的教育资源。对此，美国女性主义者格洛丽亚·斯泰纳姆（Gloria Steinem）在2015年有过总结，她的话现在成了一句名言。虽然给女孩们的教育经历了一场真正的革命，但她们的兄弟接受的教育并没有发生根本性的改变，至少在今天之前是没有的。

革命元年

你们能感觉到吗？有些变化正在慢慢发生。随着我的肚子明显变圆，我看到了周遭的事物发生着微妙的变化。首先是2017年6月，《纽约时报》发布的长文《如何抚养女性主义儿子？》引起了大量讨论，这个困扰了我好几个星期的问题终于被提出了，我差点儿喜极而泣！一个月后，法国《新观察家》提出了同样的问题，一篇题为《如何养育你的儿子才不会让他成为性别歧视者》的文章被分享超过36万次！**男性气质、男子气概的教条、刻板印象、性同意……我们开始质疑养育男孩的方式了。**或许，的确出了什么问题。

这也是意料之中的事。在平等主义言论中成长起来的整整一代人，现在已经到了做父母的年龄，而在他们之前，并没有哪一代人受过这样的教育。曾经被反复教导"一切皆有可能"的小女孩们，如今已经成了妻子，甚至是母亲；而那些被灌输"人人平等"观念的小男孩们现在也是父亲了。这些曾经的孩子如今看到了真正的平等依旧不存在。大部分女性仍然是性别歧视、骚扰、性侵害、家庭暴力的受害者；在职场里，她们总是处于最没有保障的状况中——领最低的薪水，还最不被认可；[14]在家里，她们仍然承担着大部分家务，要照顾孩子，料理家事。[15]总之，尽管三十年来我们都在讨论性别平等并出台相关政策，但女性的处境仍然不尽如人意。

我们开始明白，如果不改变男性的立场，我们就不可能改变女性的处境。

但是，如果没有"哈维·韦恩斯坦事件"的冲击，也不会触发近来这种对男孩教育的大面积关注。可以回顾一下：2017年10月，《纽约时报》和《纽约客》同时刊登了这位制片人被十几名女性指控骚扰、性侵害和（或）强奸的报道。这一爆炸性国际丑闻的影响力是如此之大。紧随其后，"#MeToo"（#我也是）的标签开始出现，并由此吹响了集结号。在大西洋两岸（甚至更远的地方），数以万计的女性开始讲述她们在工作中、街头上、家庭里、朋友间遭受到性暴力的经历。在法国，出现了话题标签"#BalanceTonPorc"（#揭发你的色猪）（韦恩斯坦在戛纳电影节上被戏称为"猪"），几天之内，该话题标签被使用了超20万次。由于到处都能听到关于这一议题的讨论，人们便认为这意味着"女性的声音被释放出来了"。但实际上，长久以来，女性一直在人群中就此发声。要说真有变化,那就是终于有一次,女性被倾听了。

这时人们似乎才意识到,在21世纪初的西方,身为女性意味着什么。我们意识到并非所有的捕食者都是潜伏在黑暗中的可怕怪物:没错,大多数时候,他们是我们的同事、朋友、兄弟……以及我们的儿子。法国版《ELLE》在2017年12月发文《如何养育一个男孩(而不是"#猪")?》;就在前几个星期,《赫芬顿邮报》就已给出了建议:《与其教女儿防卫,不如教儿子尊重》。2018年3月,《纽约杂志》也将"如何养育男孩?"这个问题推到了头版。两个月后,瑞士《时报》发表了文章《你将成为女性主义者,我的儿子》……仅仅数月,**养育男孩已经成为一个真正的社会议题。**甚至连加拿大总理贾斯廷·特鲁多也撰写了专题文章《为什么我要培养我的孩子成为女性主义者》[16]。

如今,我们中越来越多的人,无论男女,都在问这样一个问题:我们想为将来培养出什么样的男性?不强暴、鄙视、殴打女人的男人——这是不言而喻的。但我们还有更高的期待,即希望男孩们成长为这样的男人:他至少能意识到性别中的支配关系,并尽力去做出改变。**是的,我们雄心勃勃,想要培养出反对性别歧视的儿子,一个女性主义男孩。**

问题是,要如何去做呢?

第二部分

生女生男都困扰!

随着我快进入孕晚期，我不得不面对这样的事实：我已经成为一块吸引路人的磁铁。几个月后，我只要在街上走一会儿，就会有人拦下我，跟我聊这隆起的肚子。他们多数带着善意，偶尔有些笨拙，但每次一定会问两个问题："快生了吗？"（并没有，我还有四个月才生呢！）"是女孩还是男孩？"对此我总是回答："不知道，这会是个惊喜！"

在某种意义上，我必须说，他们这种想要了解婴儿性别的执着让我更加认同自己的选择。在很多人看来，不查性别几乎是不可想象的。身边的一些人认为我们其实知道孩子的性别，但为了图清净而隐瞒了这些高度敏感的信息（的确，我们考虑了一阵要不要这么做）。还有些人甚至担心我们未来的安排："婴儿衣服你们打算怎么办？出生礼物呢？而且你们也没法提前准备婴儿的房间呀！"啊！那一刻，我的内心其实是雀跃的——不知道宝宝的性别，反而保护了我们和宝宝，让我们远离了所有这些关于"女孩"和"男孩"的陈词滥调。

然而,事实是我们的耳根子只清静了几个月,往后的情况更加夸张。孕晚期,不管我想不想听,人们仿佛被这个问题缠住了,甚至表现得非常痴迷。如果我想吃奶酪,他们就会说:"我敢肯定你怀了个男孩。"要是宝宝的动静很大——"啊,这个小伙子将来想做拳击手啊!"好吧,这说得通。因为女胎都纹丝不动,她们总是文静地待在子宫的一角,并对一切粉红的、甜美的事物都有着本能的渴望。

言归正传,我认为试图猜测我们的孩子在出生后可能是什么样的行为很正常。这是一种天然的好奇心,不是吗?然而,让我失望的是,这种好奇心是极具选择性的。人们不断地去预测未出生婴儿的性别,却很少预测他们的眼睛或头发的颜色。这并非无关紧要。在我们的社会中,性别构建了一个人的首要身份。性别甚至比年龄或性格更能定义一个人在社会中的位置和角色。这也解释了为什么我们对这个问题如此痴迷。实际上,我们宣示的不仅仅是孩子的性别,更是对这孩子未来一生的规划。

甚至在宝宝第一次呼吸之前,这些已知条件就会影响我们对孩子的想象和感知方式。只要宝宝发出第一声啼哭,我们就会根据性别而区别对待她(他)。日复一日,年复一年,性别时时刻刻影响着我们与宝宝的互动、交谈,甚至是怀抱她(他)的方式。它将指导我们对宝宝的衣服、玩具和活动的选择。它会决定我们孩子的成长环境，也会决定她（他）的前景。即使在今天，我们还是会毫无意识地根据孩子的性别来塑造他们的身份和未来。

1.
你确定你没有在下意识地性别歧视吗?

让我们停止在没有差异的地方寻找差异

"小不点儿"出生几天后（结果他果然是个男孩），人们就开始对我说这个小婴儿的面部线条是多么"硬朗"，而且他已经"相当有胃口"，并告诉我："男孩就是吃得很多!"这太正常了，为什么不呢? 或许，和其他所有的小男生一样，"小不点儿"确实有很鲜明的五官，动不动就饿，有铁一般的握力，还总是知道自己想要什么。但奇怪的是，我隐隐约约感觉到，与其说这来自事实观察，不如说更与古老的偏见有关。忙于应付哺乳和换尿布，我既没有时间也没有心思去理会这些闲言碎语，但在内心深处，我一直在犯嘀咕。我在心里也对号入座了，这是肯定的。是我在拒绝面对事实吗? 难道"小不点儿"刚从我的肚子里出来，就已经和他的异性小邻居不一样了吗? 还是大人们把自己先入为主的想法投射到了他身上?

几十年来，社会科学领域，特别是社会心理学领域，一直在关注这个问题。早在1974年，三位美国研究员就观察了父母看待他们新生儿的方式，以及父母可能受到性别偏见影响的方式。[1]在他们的实验中，三十对生第一胎的夫妇在他们孩子出生的24小时内接受了采访。就体重、身高和对外界的反应来看，这些婴儿都有完全相同的特征。然而，最后父母们的回答还是变成了女孩"娇小""可爱""五官更秀气"，男孩"高大""结实""五官深邃"（看吧！）。这项研究的结果发表在了《美国行为精神病学》杂志上，它明确表示：**从孩子出生后的最初几个小时开始，父母就对其有了刻板的期待，这些期待会影响他们抚育孩子和与孩子互动的方式。**

两年后，两位来自美国康奈尔大学的科学家进行了另一项实验[2]，这次他们向一组学生展示了一段九个月大的婴儿正在玩耍的视频。其中一半的学生认为视频里是个女宝宝，而剩下的学生则认为是男宝宝。学生们斩钉截铁地认为：女宝宝哭是因为"害怕"，男宝宝哭则是因为"发怒"。可是，在他们面前的就是同一个孩子！

自此，关于性别刻板印象所造成的影响力的研究就越来越多了。通过这些研究可以看出：**从出生起，男孩和女孩就被区别对待了。我们的孩子一生下来就被归类到了不同的标签里，而正是这些标签让我们看到了差异——那些实际上并不存在的差异。**

性别刻板印象让我们忽略了孩子的真实需求

一转眼，四十年过去了，我们可能会认为如今情况已经发生了改变，自己不会再被性别刻板印象牵着鼻子走。如果真这样想，你就错了！2016年，巴黎萨克雷大学的科学家对我们如何看待婴儿的哭声进行了研究[3]，结论是：父母往往会认为小男孩的哭声不那么尖锐……事实当然并非如此。经过一系列测试后，参与该项目的两名研究员尼古拉·马特翁（Nicolas Mathevon）和弗洛朗斯·莱夫雷罗（Florence Levréro）发现："成年人认为男孩的声音比女孩低沉，并将这种判断应用于三个月大婴儿的哭声。"但关键是，这个年龄的女婴的哭声并不比男婴高！

一个有趣的细节是，与其他许多社会心理学实验一样，事实证明，对性别刻板印象最敏感的是男性。例如，在上文提到的实验中，他们认为男孩的哭声比女孩的哭声表现出更多的不舒适。换句话说，男孩只有找到合适的理由才会哭。"男人们是否有这样的倾向，认为男孩只有在真正痛苦的时候才会哭，而女孩总是无缘无故就哭起来？"研究员们总结道，"我们将成人世界的想法投射到了儿童身上。因此，我们有时可能会忽略婴儿的真正需求。"

我们现在知道了，性别刻板印象不仅会影响我们对婴儿哭声的理解，还会影响我们的拥抱频次，影响我们与婴儿交谈、玩耍和互动的方式。例如，我们倾向于：

·在男孩出生后的头几个月便与他们进行更多的身体接触，我们会更频繁地拥抱他们，用手势逗弄他们，与此相反，我们更多通过声音或目光与女孩进行互动。[4]

·用所谓的"工具性的"（用来表述行动、事实和说明的）语言与男孩交谈，但在和女孩交谈时，我们会使用更动人的和更情绪化的语言。[5]

·拒绝男孩的眼泪，在他们哭的时候几乎不去安慰，并强迫他们表现得"坚强点儿"，但小女孩哭时，我们就会鼓励她们把自己的情绪表达出来。

·看重男孩的成功与自主（因此对男孩依赖成人的情况的容忍度较低），与此同时，却鼓励女孩顺从[6]和被动（在游戏活动中，她们也会从成人那里得到更多的帮助与支持[7]）。

诸如此类的情况还有很多。这就是我们如何缓慢但实实在在地甚至无意识地培养出了男孩和女孩之间大大小小的差异。而不得不说，在这一贴标签的过程中，育儿专家们也出了不少力。

专业人士的偏见

你有没有上网搜过"如何抚养一个男孩"？排名第一的搜索结果是《心理学》杂志上的一篇题为《教育：女孩不是男孩！》的文章。真出人意料！在这篇文章中，三位心理治疗师向我们解释说，女孩和男孩之间存在着先天的、难以克服的差异，因此，我们当然需要针对这些差异培养孩子。他们也承认："父母不能忽视性别平等，以及女性在工作领域获得与男性平等的权利。"话虽这么说，他们却建议我们以最具性别歧视色彩的方式教育我们的孩子！如果你的儿子告诉你"女孩最没用了"怎么办？这些心理治疗师们叮嘱我们，要支持他的这个想法，他们举例："许多父母都试图如此回应：'别说傻话了，女孩和男孩都一样！'但更好的说法是：'你多厉害呀！幸好有你来保护姑娘们！'……就性别形象而言，男孩们表现为积极、挑衅、好斗。"光是阅读这些文字，你就会以为自己回到了 20 世纪 50 年代。而这些"声名远播"的专家，每天都在向前来咨询的家庭提供建议。不过，他们至少在一件事情上有功，那就是提醒了我们，**即便是教育专家也不能避免偏见和性别歧视。而且，他们的建议不是圣旨。**

幸运的是，并非所有从事儿童保育工作的专业人员都持有这种公然的刻板印象。但在将孩子们限定在条框中这件事上，他们都贡献了自己的力量：教师向班上的男孩提问得更频繁、耗时更长；8 课外活动负责人[1] 看到小朱利安提着粉红色的包时会非常惊讶；家长助教总是在不

---

[1] 课外活动负责人主要负责开展活动（娱乐、艺术、手工、教育和集体活动）和适合在课后托管框架下的教学方法（课前和课后的短时间）。

停地提醒大家"男孩需要更卖力";保育员甚至很确信八个月大的珍妮用她蓝色的大眼睛和托儿所里所有的男孩凝视,并在两岁的海伦转动她美丽的裙子时,祝贺她成为"一个真正的女孩"……无意之中,这些专业人士就会根据对面是小男孩还是小女孩而采取不同的行动。

2012年,法国社会事务总监察局[1](IGAS)主导了一项关于幼教领域平等问题的研究。9 当被问到这一问题时,92%的托儿所或日托工作人员都表示,他们不会区别对待女孩和男孩。但实际情况并非如此!调查人员解释说:"女孩在集体活动中较少受到激发和鼓励,她们的外表则更多地受到成年人关注。与此相反,在男孩那边,对其身体能力(运动技能、灵活度、空间感)的关注则更为明显。"同样,成年人很少和男孩分享他们的情绪状态和感受,反而更习惯向女孩表达。法国社会事务总监察局指出:"在男孩们身上,唯一能被容忍的情绪就是愤怒。"

还有别的办法吗?很遗憾,幼教领域的专业人员其实并没有受过与性别问题有关的培训。因此,他们也只能暂且和大家一样:尽自己所能地去应对。

---

[1] 全称为"Inspection Générale des Affaires Sociales",是法国政府社会部门的部际监察机构,它执行控管、审计、专业鉴定和评估任务,为公权力提供建议,并协助设计和实施改革。其工作范围覆盖了就业、劳动和职业培训、公共卫生、护理组织、社会凝聚力、社会保障和人口保护等。

揭示无意识性别歧视

"你确定自己没有性别偏见吗?"英国广播公司一频道最近用视频向网友们提出了这个问题,并借机做了一个小测试。这段广为流传的视频中有一男一女两个婴儿,在实验过程中,他们交换了彼此的衣服,名叫玛妮的女婴化名为"奥利弗",名叫爱德华的男婴则被指名为"苏菲"。参与实验的人可以选择给他们不同的玩具。结果,大人们非常自然地给了"苏菲"娃娃和毛绒玩具,而给了"奥利弗"玩具车和机器人。当这个小把戏被揭穿时,参与者都感到有点儿尴尬,但他们都坚称自己是随机地选择玩具,并没有考虑孩子的性别。一位女士就辩解道:"对我来说,我只是随手拿了身边的东西。不过,也可能是我的潜意识欺骗了我。我想这是由刻板印象造成的。这真的让我太惊讶了,我一直认为自己是个思想开放的人。"我们并不怀疑她是一个思想开放的人。但这正好提醒我们要注意:**即使是出于好意,我们也难以远离无意识性别歧视**。

如果我们希望用无差别的方式抚养男孩和女孩,我们就必须先意识到并理解——每个人都有"性别偏见"。以此为前提,我们才能**分辨哪些是我们的条件反射,哪些是孩子真正的人格和需求**。当一个婴儿在啼哭时,不能只因为他是个男孩就断定他在表达"愤怒"!

为了尽可能少地抱有刻板印象,我们可以养成质疑

的习惯，质疑我们的行为方式，质疑我们最普通的举动和态度：

· 为什么我经常对利奥说他很"结实"？我会用同样的方式，对一个抬起椅子的小女孩说出同样的话吗？

· 我要怎样夸我的儿子呢？这些夸奖是否能经常甚至完全地反映出性别的刻板印象？如果是这样，难道他没有其他方面值得重视吗？比如他的善良，或者他认真做事时的专注？

· 我最后一次称赞我儿子的着装是什么时候？我会称赞他的着装吗？

· 我和我小儿子说的话和跟他姐姐说的话一样多吗？我是否有询问他感受的习惯？

· 我真的对儿子和女儿的吵闹行为做出了同样的反应吗？同样都是哭泣，相比埃洛伊兹，我是否更不能容忍巴蒂斯特？当埃洛伊兹在浴室里把水弄得到处都是时，我是否批评了她，但当她的兄弟这样做时却认为他天性如此？

· 如何对儿子表达我的爱意？是什么让我说他"不是很可爱"？我是否习惯亲吻他，挠他痒痒，就像我本能地对他的姐姐或妹妹做的那样？

· 我喜欢和儿子一起起哄，但从不带女儿这样做。相反，我会和女儿一起度过"宁静的时光"，且很少邀请儿子加入。为什么？

·是什么让我对苏珊说等五分钟再吃,但莱昂只要表现出最轻微的饥饿迹象,我就立即跑进厨房?

让我们向自己提问,质疑我们的"无意识"。就像达那伊得斯姐妹之桶[1]一样,这场练习永无休止。重要的不是终点(再说了,会有终点吗),重要的是过程本身。

---

[1] 源于古希腊神话。阿尔戈斯的国王达那俄斯有50个女儿,人称达那伊得斯姐妹,她们中有49个为了反抗非自愿的婚姻,犯下杀夫罪,死后被罚在哈德斯的冥界接受惩罚:永不停息地往一个无底的桶里注水。该桶因此被称作"达那伊得斯姐妹之桶",后人用此语喻指"无底洞"。

2.
不！男孩的大脑并不是被设计出来读路线图的

据说男孩来自火星

有次在咖啡馆里，我忍不住听起邻桌的对话。那边正围绕着男女之间的"自然差异"展开热烈讨论。其中一个男人举了他儿子的例子："在他六个月大的时候，你就算给他一个洋娃娃，他也不想要。只有玩具球能吸引他的注意。你能拿他怎么办？"没错，我问你，在自然之力面前你能怎么办？听到这些，我忍不住暗自发笑。其实，已经有一些针对这个问题的研究了。由此，我们才知道，女孩和男孩在面对玩具时的反应差异要到他们九个月大时才会出现，而他们的社会行为差异在两岁之前是不会出现的。[10] 所以，要么是这个男人的孩子非常早熟，要么就是他在夸大其词，二者必占其一。就个人而言，我自有判断，虽然我的判断不太重要。他说的话可能是有点儿可笑，但这和我们经常在媒体里或是坊间听到的对话并没有多大区别。**大多数成年人都相信，女孩和男孩分属两个完全不同的物种。而这恰恰是一个被广泛接受但错误的想法。**

是的，还需要提醒吗？两性之间当然存在生物学差异。总体上，男性比女性高，肌肉量更大。两者的生殖器官不同，遗传机制也不完全相同：男性有一条 Y 染色体，其中携带极少量与女性不同的基因，约占其遗传特征的 0.1%。[11]（然而，还没有人成功地在拥有 Y 染色体与热衷数学或足球之间建立起任何因果关系！）此外，男性和女性分泌的各种类型的激素比例是不一样的。简单来说，女性会分泌更多的雌性激素，男性则分泌更多的睾酮。这些物质会发出青春期信号并导致人体出现所谓的"第二性征"（体毛、声音、肌肉等）。但眼下的问题是，我们正试图将一切都归咎于这些激素！

因此，几乎每个月都会出现一篇文章或心理学指南向我们解释，**如果女孩和男孩发展出不同的喜好或表现出不同的行为，那都是因为他们的激素在作祟。**例如，正是激素驱使女性打理屋子，并引导男士们对一切会滚动的和与技术相关的事物产生热情（显然，其中并不包括婴儿车和洗衣机）。

这种本质主义理论的主要代言人非约翰·格雷（John Gray）莫属，这位美国作家写了畅销书《男人来自火星，女人来自金星》。自 1992 年这部开创性著作问世以来，这位"个人成长"专家已出版了不下十本关于该主题的书籍，且每一次都是老生常谈：之所以男人与女人有这么大区别，都是因为激素在作祟。这种解释几乎适用于任何情况：工作中、夫妻间、家中、路上、餐厅内……甚至是在购物时："让我们想象一个可怜的男人被迫陪着他的另一半逛街的情景。对男人来说，解决问题和实现目标完全不在话下，但在他眼里，女人一逛街就没完没了。他很快就感到不知所措，筋疲力尽，异常沮丧。在如此需要提神的时刻，睾酮却一点儿都不会产生。"[12]

问题不在于约翰·格雷描绘了完全脸谱化的两性形象（男人脑子里在同一时间只能想一件事，爱拈花惹草又雄心勃勃，女人则温柔而浪漫），而在于这位情感专家的言论没有科学依据的支撑。正如近期纽约哥伦比亚大学的科学社会学家丽贝卡·乔丹-杨在一篇严谨的批判性分析论文中重申的那样，**迄今为止，我们受激素支配的理论从未得到证实**。[13] 在一篇 2014 年发表于《世界报》的文章中，八位法国研究员也写道："可以肯定的是，格雷的一些读者认为，他们只要通过阅读寓言故事就可以走进科学。"[14]

然而，这些本质主义的话语依旧充斥着媒体和社交网络。支持这一观点的研究每隔一段时间就会出现在早报上，多少有些严肃地给我们提供一个关于两性差异的、简单又耸人听闻的观点："**女性的大脑更容易对慷慨做出反应**"[15] "**为什么女人比男人话更多？**"[16] "**男性比女性更聪明？"[17] "男性大脑大多只能进行单一作业，女性大脑则更能同时处理多项任务。"[18] 等等。

于是我们又认为，**男孩和女孩的差别，在于他们的大脑不同**。不过，这作为一个论据，也算不上新鲜。从19世纪开始，像著名的保尔·布罗卡（Paul Broca）这样的解剖学家就试图论证男性因为大脑更大，所以比女性更聪明，所以男性天生优于女性（这种解释非常实用，因为它也可以证明白人与黑人之间或富人与穷人之间的不平等是合理的）。两个世纪后，这个问题仍然很有热度。但在此期间，神经系统科学已经取得了巨大的飞跃。无意冒犯约翰·格雷，但神经系统科学向我们阐明了，**无论是男是女，我们都来自同一个星球**。

大脑有性别吗？

我们所观察到的男女之间的行为差异是与生俱来的，还是文化和教育使然？这场关于"先天与后天"的争论在科学界从未停歇。虽然神经系统科学尚未揭开人类大脑的所有秘密，但它至少揭示了一件事——大多数情况下，个体之间的差异性超过了性别之间的差异性。换句话说，**同性之间的大脑差异比男女之间的大脑差异更大**[19]。

这正是法国神经生物学家卡特琳·维达尔（Catherine Vidal）向我解释的。多年来，作为神经退行性疾病专家和法国巴斯德研究所的名誉研究主席，她一直在挑战那些有关大脑差异的先入为主的想法。那么，最新的发现会告诉我们什么呢？男孩和女孩的脑回路是否从出生起就不同？卡特琳·维达尔的答案是否定的。两者大脑之间可以观察到的根本区别是与控制生殖功能有关的活动，这在男性和女性之间的确有明显不同，除此之外两者的配置完全一样。卡特琳·维达尔还表示："目前关于大脑发育的研究表明，女孩具有和男孩相同的推理能力、记忆力和注意力。"**女孩和男孩生来就拥有相同的潜力。**

接下来要说的，才是能改变游戏规则的事。当婴儿来到这个世界时，他的大脑还没有发育完全。在怀孕期间，胎儿的大脑会形成大约一千亿个神经元，这些神经元必须相互连接。但最初，只有10%的连接被建立起来！随后，数十亿个神经连接将根据孩子与环境互动的速度逐渐被激活，这被称为"大脑可塑性"或"神经可塑性"。长期以来，人们认为这种惊人的可塑性只在极端情况下才能被观测到，像是在事故中或某些病理学情况下，但在过去的十五年中，我们改变了这种看法。现在我们已经确知，**人类大脑的结构和功能一直在不断变化**。这是一个具有革命性的发现。卡特琳·维达尔补充说："在我们的一生中，大脑会不断变化，这些变化取决于我们的经历、学习情况、周围环境和生活方式。没有什么是一成不变的。我们的大脑在任何年龄段都具有可塑性。"

谨防（虚假）证据

不过，还有一个问题：如果我们拥有相同的能力，为什么我们时不时就会看到揭示男女之间重要差异的研究新成果？为什么男性总体而言在数学或方向感上总是表现得更佳？

原因是多方面的。其中最重要的，也是最简单的原因却很少被提及：几乎所有的研究都是针对已经成年的研究对象进行的，或者至少是针对青少年。也就是说，这些个体样本的大脑功能已经在很大程度上受到了环境的影响。卡特琳·维达尔显然对这一观点表示赞同："如果男性或男孩在空间感实验中表现更好，并不是因为他们的海马体更大，而是要归功于他们所处的社会和文化环境。在这种环境中，男孩们从很小的时候就开始踢足球，他们更容易到外面去玩，我们也会很早就将汽车文化灌输给他们……"所以，长大后他们会在一直被鼓励投入的领域表现得更好也就不足为奇了。这又一次说明了没有什么是预先决定的。相反，卡特琳·维达尔提醒我们，一些实验在很大程度上表明，只要孩子们稍加学习和练习，就可以减少甚至消除这些显著的差异（例如在数学领域）。

还有一个原因是，很多实验常常都是在极少数的个体样本量上进行的，这就使得其结论并不具有普遍性。比如这项结论是"女性体内的睾酮会降低她们解读他人情绪的能力"的研究。这个观点看起来很有趣，但问题是，这项研究的样本数量仅为十六名女性！再者——让我们心存感激吧——许多实验实际上是先在动物身上进行，再粗略推演到人类身上的。比如这个非常流行的理论：男胎的睾丸激素分泌会对其大脑的发育和结构造成不可逆的影响（这反过来解释了男女之间能力和行为的差异）。但我们需要知道的是，得出该结论的实验是在五十多年前在啮齿动物身上进行的。人们想当然地认为，这些在动物身上实验得出的结果，可以很简单地推论到人类身上。

让我们记住，科学研究不是中立的。它既摆脱不了特定时代的争议，也摆脱不了意识形态的束缚。它是由人类主导的，而且多半是由那些身居高位的男性主导的，而这些男性多少都会以严谨的态度……和偏见为标准，去选择各式各样的研究主题和方法[20]。**与诸多其他领域一样，科学也难逃性别歧视。**正是出于这个原因，治疗心梗的药物长期以来一直在男性身上进行测试（如果死于心血管疾病的女性多于男性，那她们就只能认命了[21]）。同样，像子宫内膜异位症这样广泛存在的疾病直到最近才开始被研究（在"伟哥"已经上市二十年之际）。也因此，人们对性别差异这个议题充满热情，在学术圈也不例外。

刻板印象的威胁

与我们相信的恰恰相反，男孩并不是天生就能读懂路线图，女孩也不是天生就会洗碗。我们可以选择无视这些无稽之谈。问题是，**尽管这些刻板印象毫无科学依据，但它们最终都塑造了它们所声称的那种现实**。这就是所谓的"刻板印象威胁"：当个体成为负面描述的对象时，他会将负面描述内化，而这种内化会削弱他的表现。这就像某种皮格马利翁效应[1]，刻板印象成为一种自证预言。

这种现象在今天已经广为人知。但直到1995年，美国研究员克劳德·斯蒂尔（Claude Steele）和乔书亚·阿伦森（Joshua Aronson）才首次阐述了这种现象。当时，他们正在研究某些少数族裔教育失败的原因。那一时期，他们对负面刻板印象的影响很感兴趣，尤其是"非裔美国人不如白人聪明"这一成见所造成的影响。他们对两组学生（一组非裔美国人，一组白人）进行了语言技能测试。当非裔美国人以"智力测试"（正是他们被认为弱势的地方）为名义接受测试时，测试成绩相比以"了解大脑如何工作"为由的测试成绩要差。自那以后，越来

---

[1] 心理学术语，又称"期待效应"，特指由期望而产生实际效果的现象。源于古希腊神话，塞浦路斯国王皮格马利翁不懈且真诚的期待感动了阿佛洛狄忒女神，于是女神帮助他把他雕刻的少女像幻化为人，让他如愿与之结合。

越多的研究员开始关注"刻板印象威胁"。2000年初，法国三名研究员对一组十一岁至十三岁的学童进行了一项实验，要求他们根据记忆再现复杂的几何图形。当这项实验被称为"几何测试"时，男孩们的平均表现更好；但是当研究员将它介绍为"绘画测试"时，女孩们的表现更优。这项研究再一次表明，刻板印象会削弱我们的能力。

当我们被置于消极的偏见中时，我们的大脑会发生什么？研究员用核磁共振的数据告诉我们：当面对诸如"男孩没有社交天赋"或"女孩数学不好"这样的负面评价时，**参与者会失去自信**，从而引发"情绪负担"，这会干扰其认知过程并影响其推理能力。这种现象完全出于无意识，对男孩来说也一样，他们的测试表现也会因刻板印象而变差。

让男孩们培养自己的潜力

我们怎样才能对抗这种会导致我们的孩子荒废掉某些才能的现象？法国一致协会（l'Association Adéquations）是一个与性别刻板印象作斗争的协会，在该协会参与性别工作的贝内迪克特·菲凯（Bénédicte Fiquet）为我们提供了一些线索。她认为，**我们可以从为男孩和女孩提供相同的游戏着手**：问题不在于"这是否适合男孩"，而在于"我的孩子要发展什么能力"。

我们知道，不同的游戏和玩具能培养孩子不同的技能，比如象征性游戏[1]（如玩洋娃娃、买东西和过家家）就有助于发展孩子的语言能力。贝内迪克特·菲凯对此有所洞察："如果你的儿子像女孩一样喜欢这类游戏，那么他对语言的掌握能力可能比大多数同龄人更强。我们在小学预备班（CP[2]）的测评中发现，女孩在这方面比男孩领先许多。"你看，这就是为什么**我们必须允许男孩参与可以发展语言或社交才智的活动**。

相反，户外游戏既能加强孩子掌握时空坐标的能力，也能增强其团队精神和竞争意识（在成年人中，通常是女性比较缺乏这些品质，她们更倾向于玩安静的游戏）。就算在室内，所谓的"男孩游戏"也都是那些更面向现实并有助于建立自尊的游戏。"当一个孩子玩桌上足球并进球时，他会说：'太好了，我进球了！'当他玩卡普乐积木玩具时，他可能会说'来看看我建造的塔'。但是对他来说，说出'妈妈，爸爸，今天我卖了三公斤西红柿'这句话要更难一些。"贝内迪克特·菲凯补充道。因此，**让孩子能够不受限制地从一种游戏或领域切换到另一种游戏或领域就显得尤为重要**。

---

[1] 即儿童通过模仿和想象扮演角色，反映周围现实生活的游戏形式。
[2] 法国的小学学制为五年，预备班（CP）、第一年初级班（CE1）、第二年初级班（CE2）、第一年中级班（CM1）和第二年中级班（CM2）分别对应我国的一年级到五年级。

让男孩们远离成见就是让他们有机会成为最好的自己。贝内迪克特·菲凯还表示:"孩子们越少陷入性别歧视的刻板印象,他们在学校的表现就越好。"当他们拥有更多的兴趣,就会在更多的领域感到自在,也就会较少受到"刻板印象威胁"的束缚。简而言之,他们能够更加茁壮地成长。

性别并不是二元的

女孩或男孩?问题并不总是像看起来那么简单。正如法国国家科学研究中心(CNRS)最近的一篇文章[22]中回顾的那样,我们现在知道,人类不是只分为染色体组成为"XX"的女性和"XY"的男性这两类的。在法国,约有40万人具有非典型遗传基因组,如5X、4X、YYX、YY、XXY(而且,其性征并不一定都很明显)[23]。间性人占全球出生人口的1%—2%,他们的生殖器不能被明确地定义为"男性的"或"女性的"。这也是为什么一些男孩没有阴茎(一些男孩则长有子宫),一些女孩的睾酮水平很高(但却不会来月经)。

3.
"女孩的玩意儿"万岁！

男性总是位于阶级顶层

在这个"男性胜过女性"的世界里，我们可能会认为，性别刻板印象并不会困扰男孩，毕竟，在这场比赛中，女孩才是最大的输家，不是吗？她们被认为不那么优秀、更脆弱、爱哭又浅薄。她们被认为在擦地板、换尿布、照顾老人方面具有与生俱来的才能，与此同时还必须保持美丽，时刻准备着与爱人温存。另一方面，小男子汉们则生来就落在了藩篱两边更好的那侧：他们有力量、耐力和才智，渴望自由和征服。公共场所、追逐权力的征程、伟大的作品和历史的篇章都属于他们。

这种角色分配既不是鸡毛蒜皮的小事，也不是令人遗憾的误会，它是我们运作的性别歧视机制（或父权制，如果你更愿意这么说的话）的基础。是的，**性别歧视是一个机制**，牢记这一点很重要。街头骚扰、不平等的薪资或将女性当成花瓶的广告并不是只有落后的"大老粗"

才干得出来（虽然"大老粗"确实会这么做），它们是这一机制的直接体现，是同一台机器上的不同齿轮。这个已经运作了几千年的机制基于两个引擎：

· 为男性和女性分配不同的社会角色（如你所知，著名的"两性互补"论）。
· 男性和女性之间的等级划分。

这种等级制度就是人类学家弗朗索瓦丝·埃里捷（Françoise Héritier）所说的"**性别的差异性价值**"（la valence différentielle des sexes）。也就是说，在我们的表述系统中，两种性别以及与它们相关的品质之间没有相同的价值。谁更胜一筹呢？当然是男人！尽管关于男性气质（和女性气质）的表述会随着文化、时间和地点的变化而变化，但有一件事永远不会变——男性的地位始终更高。"无论何时何地，男性的都被认为优于女性的。"[24] 弗朗索瓦丝·埃里捷观察到。而我们在这些标签后面放了什么并不重要。

为了阐明这一现象，这位著名的人类学家经常以主动和被动的对立为例："在我们的社会中，主动是阳（男）性的，被动是阴（女）性的。不仅在性的方面是这样，精神分析上也是如此。阳性的活动意味着人对事物、技术和自然世界的掌控，而且阳性地位高于阴性。相反，在印度或中国，被动是阳性的，主动是阴性的。这是因为人必须要能'控制'自己……在这种情况下，被动是优于主动的；而女性则被过度地描述为积极主动、毫无条理和轻率冒进。"[25] 基本上，这种"正面我赢，反面你输"的游戏规则，无论在哪个领域都始终有效。

并不是说女性有权投票或有权服用避孕药就意味着我们已经终结了这个有着上千年历史的等级制度。**在我们（包括女性）的精神深处，男性气质继续支配着"令人鄙夷"的女性气质。**我在大学里遇到了一个后来成了挚友的女孩。在遇见彼此之前，我们都混在男孩圈里，作为少数被认可的女孩，经常和男生们成群结队地出去玩。我们喜欢宽松的裤子胜过低腰牛仔裤，喜欢音乐节胜过睡衣派对，更热衷于反主流文化而不是化妆。在不属于主流的角落，我们都有一种自己是外星人的感觉。因此当我们认识彼此时，简直就像发现了新大陆一样兴奋！刚开始，我们总是不约而同地惊呼："哇，能认识不是'真女孩'的女孩真好！"我们当然是"真女孩"，但在精神层面，我们已经将自己生活中那些"酷"的东西，像是音乐、派对或野外露营都归入"男人的玩意儿"的范畴里了。渐渐地，我们认为加入"男人帮"是一种特权。这样一来，我们不仅"与众不同"，甚至还设法在胜利的一边为自己找到了一个位置。不过在当时，这些道理在我们的头脑中显然还不太清晰。

即使我们自认为已经终结了这个有着上千年历史的等级制度，但实际上，在不知不觉中我们默认了一个我们甚至还没有想过的事实：**当一个女孩冒险进入所谓的"男性化"领域时，她在某种程度上获得了"晋级"；当一个男孩进入所谓的"女性化"领域时，恰恰相反，他自甘堕落了。**正是出于这个原因，我们允许，甚至鼓励小女孩去参加所谓的"男性化"的活动，学习武术、维修家电或研究科学，随便什么都行，但同时，我们却会对那些想上现代爵士舞课或从事儿童保育工作的男孩投去奇怪的目光。

小女孩打扮成骑士？没问题！但是小男孩穿着公主裙？无法接受！

男孩总是被要求留在原位

但凡事都有两面性。无疑，男孩们被分配到了最佳座位，但他们没有离席的权利。以平等的名义，我们鼓励女孩摆脱束缚，"追赶上"男孩——这很了不起！我们却不希望男孩向女孩看齐。2017年底，美国皮尤研究中心的一项研究调查了女孩和男孩在儿童活动中的差异[26]，其中，77%的受访者赞成鼓励女孩参与所谓"男孩子气"的活动，但有35%的人认为这种"反其道而行之"的做法是错误的（只统计男性受访者的话，这一比例上升到了43%）。

即使在今天，男孩们仍然被"监禁"在强大的教条中。从某种意义上来说，**他们被困在了性别等级的顶端。**

我是在与法国儿童平等发展研究所（Egali Gone）的创始人维奥莱纳·迪特罗普-沃特西诺斯（Violaine Dutrop-Voutsinos）交谈时意识到这一点的。自2010年以来，她一直在罗纳河地区向公众宣传平等教育的重要性。这期间她发现，一旦话题涉及男孩，就会有很多保留意见出现。"男性气质是与女性气质相对立的，我们社会中所有被归为'女性的'东西都必须被压制。这也是为什么我们常在校园里听到的那些歧视性话语，比如'你怎么像女孩一样玩'或'不要像女孩一样哭'，并没有引起大人重视的原因。"她说。

问题是，**性别规范不只支配着男女关系，它也存在于男孩之间。**这一点从学校就开始了。在操场上，男孩们时刻注意着任何不够坚强、不够勇敢，甚至离女孩太近的男孩。这样的情况肯定发生过：那些霸占着沙坑的小霸王们会突然对某个男孩发号施令——"你来'大姨妈'了吗？""别像个娘们儿一样！""基佬！"维奥莱纳·迪特罗普-沃特西诺斯继续说道："虽说男孩们承受着非常强硬的教条禁令，但并非所有人都有相同的体验。有些人对此感到适应，有些人则完全不然。这造成了他们之间的等级分化，那些不符合性别规范的孩子会遭到歧视、骚扰，不受欢迎。"事实上，当你还是个小男孩时，你是很难违抗性别规范的。

成年人往往会带头嘲笑甚至羞辱那些敢于跨越这一禁令的人。一级方程式赛车明星刘易斯·汉密尔顿就是其中一员。2017年圣诞节那天,他在社交平台上发布了一段视频:"我现在很伤心,来看看我的侄子吧。"大家都以为发生了充满戏剧性的,或者是后果严重的事,却发现并非如此。视频里是一个大约四岁的小男孩,他穿着公主裙,手里挥舞着魔杖,显然在为自己在树下找到了梦寐以求的礼物而高兴着。与他的喜悦背道而驰的是,他的冠军叔叔在570万个粉丝面前公开嘲笑了他。这可真是漂亮的圣诞精神啊!这位叔叔以嘲讽的语气告诉他:"男孩可不会穿公主裙。"嗯,是的,"公主"是女孩的玩意儿,也就意味着无用且须放在眼里,哪怕它是"基佬"的玩意儿,也还是一样的没用和低级。总之,肯定不是爷们儿的菜。

女孩及女孩的玩意儿都很酷!

为什么男孩会看不起女孩?因为他们一直不被鼓励拥有所谓"女孩子气"的兴趣,他们被告知,这样的东西"不适合他们""没劲透了",他们"值得更好的"。如果我们想推动孩子之间的平等(和自由),就必须坚决反对这样的话语。

不要再说"某某东西是为女孩准备的"。这是因为,首先,这种表述表明了某些活动领域是为男孩保留的,另一些则只面向女孩。而这从根本上来说就是错的。每一个孩子都可以拥抱所有的人类活动,无须任何前提。

其次,这种表述还含有女孩的活动不够好的意思(因此男孩尤其不应该参与)。这简直就是"双输",因为它向男孩和女孩同时传递了负面信息:男孩由此知道了女孩的玩意儿很没用,而女孩也由此听到了别人评价她们所做的事情有多没劲。这种话语延续了两性之间的等级划分,并最终推动了性别歧视(和"恐同")机制。

我们可以鼓励男孩们参与到所谓的"女性化"世界中。过家家、扮演公主和玩洋娃娃……这就是博客"妈咪短裤"(Mommy Shorts)的作者邀请我们做的。受到护舒宝广告活动及其口号"#像女孩一样"(#LikeAGirl[1])的启发,2014年,这位美国妈妈推出了话题标签"#像男孩一样"(#LikeABoy)。她开始着手拍摄男孩们玩粉色毛绒玩具、涂指甲油或戴项链的照片……真是一群心花怒放的男孩!这也是一种表达态度的方式。是的,是时候让男孩们玩他们想要的玩具了,别管社会怎么说。

不要让别人决定我们的孩子应该成为什么样的人。面对一个穿公主裙的小男孩,多数人都会有和刘易斯·汉密尔顿同样的反应——他们想当然地认为自己有权发表意见或是开开玩笑。但说真的,这能有多好笑呢?这种

---

[1] 宝洁公司旗下的女性护理品牌护舒宝于2014年拍摄并投放了一系列以"像女孩一样"为题的短片,试图重新定义"像女孩一样"所代表的含义,并鼓励世界各地的女孩在青春期和青春期之后保持自信。短语"像女孩一样"由此成为一个话题,并引发了围绕该话题的一系列赋权运动。

无聊的行为不但很招人烦,还会刺激和冒犯我们这些家长。而为了避免这种情况发生,我们选择禁止儿子穿他的亮片T恤(尽管那是他最喜欢的衣服)。但这真的是解决方案吗?我们是否可以时不时向这些"友善的"贬损者解释,我们并不认为这是个问题且不接受反驳?请记住,面对网友的批评声,即使是刘易斯·汉密尔顿这样的明星,最终也为取笑他侄子这件事道歉了。

武装孩子,也武装自己,以便更好地对付贬低言论。我们可以积累一些现成的话术,这样,自己就能立刻三言两语地(平静中带着一丝戏谑地)回击对方了。对不知道该怎么办的父母来说,像"跳出思维圈""回击"或"闺密们"这样的脸书小组可以成为他们很好的盟友。在这些小组里,我们能找到好答案的依据和灵感,比如:

·"这是男孩子的玩具!"

"你的意思是必须用'下半身'[27]来玩它?"(如果是的话,那它不适合给孩子玩!)

·"蓝色是男孩的颜色……"

"没错没错。不过,为什么圣母玛利亚、灰姑娘和纳芙蒂蒂的衣服都是蓝色的呢?直到20世纪初,我们还给女孩穿蓝色衣服呢!"

·"我儿子可不能玩洋娃娃!"

"为什么?你担心他会因此成为一位……(作严肃状)好父亲?!"

对孩子来说,可以参考的则有博客"妈妈,快点儿!"[1](Maman, rodarde!) 提供的反性别歧视的超级小手册。在这个"给好奇孩子和父母准备的博客"[28]上,这位妈妈决定对孩子们所遭受的性别歧视言论进行反击。"从很小开始,我儿子就喜欢隔三岔五地涂涂指甲油。但年纪越大,他对接收到的评论就越敏感。"她在2017年9月如此写道。为了帮助儿子更好地应对那些议论,她制作了数个反性别歧视的、自我防卫的长条折页,并把这些折页折叠、塑封成一个个小手册,放进她儿子的书包。每个手册的封面上都有一个问题:

· 男孩可以化妆吗?
· 男孩可以喜欢花吗?
· 男孩可以戴首饰吗?
……

这些手册一共有十六个主题(还包括是否可以照顾婴儿、是否可以喜欢粉红色等)。每个问题的后面,则是具有代表性的艺术家、运动员、政治家等的照片,甚至还有路易十四这样的历史人物。面对手册上的问题,这些男性都在异口同声地回答:"是的! 男孩也可以做这一

---

[1] "rodarde"为自造词,因为博客中描写了一个口齿不清但对世界充满好奇的小人儿,因此将这里的"rodarde"理解为孩子对"retard"(迟到)一词的错误发音。

切！我们就是证据！"

快打印下来!这足以让凯文和达利亚这两个幼儿园大班的小恶霸闭嘴了,甚至对马塞尔叔叔也管用!

4.
男孩也可以选择粉色

一个被分为粉色与蓝色的世界

2015年12月,就在圣诞节来临的前几天,一个事件在法国引起了轩然大波:U氏连锁超市在其玩具产品手册中让男孩玩起了洋娃娃,让女孩玩起了起重机。这太可怕了!保卫法兰西运动党的创始人菲利普·代·维利耶(Philippe de Villiers)鼓足勇气发了一条充满愤慨的推文:"U氏超市在儿童玩具的广告宣传中让性别倒置。我在此呼吁,让我们抵制U氏超市。"

在社交媒体上,就这一事件引发的争议迅速扩大化:一方面,在"为全民示威"[1]组织的带动下,一向得理不饶人的激进分子们开始高呼"性别理论"和"否定差异";另一方面,对此感到反感的网友们回击并抵制了这种强

---

[1] "为全民示威"(La Manif pour tous)是法国一个反同性婚姻的政治组织,法国大多数反对同性婚姻和同性伴侣收养法律的大型示威和行动都是由这个团体负责的。

烈的抗议。简而言之,玩具的产品手册就是导火索。不过,这并不是该品牌第一次尝试做出改变(哪怕只有一点点)。早在2012年,该品牌就已经取消了"女孩"和"男孩"的页面,推出了一个更加中性的产品手册(必须指出的是,当时还没有关于"人人都有婚姻权"的争论)。此后,其他经销商也做出了各自的努力。

即便如此,我们还是可以向菲利普·代·维利耶保证:尽管性别革命已经取得了一些进展,但还远未席卷到玩具货架。

在玩具产品手册中,我们开始时不时能看到玩过家家的男孩或手握光剑的女孩。这当然不赖,但毕竟还是特例。无论是谁打开玩具手册都会先想到:粉红色的页面总是属于洋娃娃、儿童手推车或公主的,而蓝色页面上总是英雄和汽车。这些色彩就像巨型路标一样,非常清楚地给孩子们指出他们被分配到的位置。

什么样的位置呢?"我们发现,通常都是女孩在做家务、做饭、打扫卫生、照顾婴儿,还有一切与魔法有关的事物也属于她们,例如闪闪的亮片和《冰雪奇缘》。相反,对男孩来说,他们必须通过战胜敌人以证明自己最强大,还需要超越自己,所以一切都与交通工具有关。"最近,在法兰西蓝色电台(France Bleu)的采访中,致力于通过玩具研究儿童性别社会化问题的社会学家莫娜·泽加伊(Mona Zegaï)证实了这一点。[29]

玩具世界(也)是一个性别歧视的加工厂,自"性别营销"的浪潮涌现后更是如此,而蓝、粉的概念正是其中的一部分。

性别营销大有赚头

我们渐渐遗忘了,过去我们并没有去区分"女孩游戏"和"男孩游戏"。至少没有像今天这样偏执。我并不是要鼓吹从前的刻板印象,但值得了解的是,在 20 世纪 30 年代,乐蓬马歇百货公司的玩具产品手册里展示的是小女孩们像身旁的男孩一样驾驶汽车[30];在 20 世纪 60 年代,像"迷你高级定制"这样的缝制娃娃衣服的玩具,是明确说明同时面向女孩和男孩的[31];出生于 20 世纪 80 年代中期的我,曾经和兄弟共用一辆自行车,和堂兄弟们玩同样的乐高积木……这样的日子似乎已成过去。

后来,我们却看到了为女孩推出的乐高积木"好朋友系列"(整体配色以粉色和紫色为主,里面的人物要么在闲聊,要么就是在照顾动物),以及为男孩推出的乐高积木"科技系列"(整体配色基本以黑色和灰色为主,这个系列的主题就是要征服星球,为了达成这个目标,玩家必须完成非常非常复杂的操作和搭建)。玩具行业开始出现越来越明确的性别划分,早先曾是"中性"的玩具,后被划分到了或"女性"或"男性"的世界中。转折点出现在 1990 年代,用营销术语来说,就是玩具市场开始进行"细分"了。从那时起,制造商就在不断强调不同玩具的性别之分，其目的很简单——赚钱！不像二十年前，家里唯一一辆红色自行车会从一个孩子传给另一个孩子，现在，为女儿购买粉红色自行车的父母会觉得，有必要为儿子购买一辆符合男性气质颜色的自行车。这个策略简单但有效：通过根据小消费者的性别来细分市场，一个品牌的同一种产品可以销售两次，利润也成倍增加。

韩国艺术家尹丁美（JeongMee Yoon）的作品完美地诠释了这一全球性的现象。2005年，为了展示性别营销的影响，这位造型艺术家开始拍摄儿童的房间。其作品或许有艺术放大的成分，但不得不承认，还是很令人触目惊心的：一边的房间里，除了蓝色还是蓝色，目之所及全是蓝色；另一边的房间里，粉红之外还是粉红，粉红色堆成了山。这还不是最令人震惊的。几年之内，糖果粉色就席卷了为女孩专设的产品，桌游、运动器材、书籍等都无一幸免。以至于在2015年，以严谨著称的英国工程技术学会（IET）对此进行了一项研究，结果显示，在英国，89%的"女性的"玩具是粉红色的。这并非因为这个颜色对女孩们有着与生俱来的吸引力，而是因为从她们的童年时代起（甚至更早），玩具商们就在不停地向她们输出为她们制定的粉红色纯商业营销策略。不可否认，这是非常有效的策略。玩具产业赌赢了：它设法让我们相信了粉红色是女孩的专属色。最糟糕的是，我们真的信了。

荒谬的禁令

男孩很快就能学会：他们不应该穿粉红色。更直接地说：穿粉红色是不被允许的。**这不仅仅是简单的时尚或品味问题，而是一种非常强势的社会禁令。**"你们真该看看当我给儿子穿上粉红色鞋子时，我家保姆的表情……她干脆地拒绝了带他散步。也就是说，他鞋子的颜色比什么都重要。都 2018 年了，人们还停留在这种观念里，这挺糟糕的。"三个孩子的母亲海伦这么说。她选择了不屈服于社会压力，坚持己见。但是为了避免这种情况，许多父母宁愿他们的儿子不穿粉红色，即使孩子自己喜欢。

2013 年，"女性网"（au féminin）就对 1600 名女性进行了一项问卷调查，了解她们如何看待小男孩穿粉红色。结果，61% 的受访妈妈表示已经给儿子穿过粉色 T 恤，但只有 5% 的妈妈给儿子买过粉色裤子。为什么呢？因为她们害怕儿子会被嘲笑（84%），同时也担心会因此影响他的性取向（21%）。[32]

所以，背粉红色的包和（或）穿粉红色的慢跑裤会让一个男孩变成同性恋吗？我要告诉你一个爆炸性的新闻：不会！

打开孩子的衣柜不是在算命，我们在那找到的颜色与他们的性取向毫无关联，更不会改变他们的性取向。并不是说如今粉红色与女人味绑定在了一起，就意味着它会把我们的男孩变成女孩。粉红色不是某种会对我们的核心人格产生不可抵抗的影响的"氪星石"，它只是一种颜色，仅此而已。男人就算不柔弱，也可以爱粉红色；不是同性恋，也可以很柔弱。当然，男同性恋讨厌粉红色也是合理的。关键在于，粉红色不会让男人成为同性恋！要不是因为制造商让我们盲目相信了粉红色是女性气质的象征，人们会更容易发现，**粉红色长期以来一直是一种属于男孩的颜色！**

在2012年出版的一本书中[33]，美国历史学家乔·B.保莱蒂回忆说，直到**20世纪40年代**，美国才出现了专门为女孩和男孩设计的服装。当时，孩子们（到大约六岁为止）都在穿的传统白色服装逐渐被有性别区分的服装所取代。也就是从那时候起，蓝和粉的性别之分开始成为常态。但直到第一次世界大战结束前，这两种19世纪中叶就出现在西方衣橱中的颜色都不属于某一单一性别。粉红色并不总是给女孩的，在中世纪的欧洲，它甚至是专属于男性的。**粉红色被视为浅红色，在当时是力量和男子气概的代名词。**

在12世纪，蓝色是圣母玛利亚的颜色，象征着温柔和纯洁。这就是为什么在20世纪上半叶，有那么多的公主角色都身着蓝色连衣裙（睡美人、灰姑娘……）。曾经，蓝色是一种"少女"的颜色！就像19世纪的男孩子们都留长发、穿裙子一样……

不反对男孩穿粉色（和紫色、紫罗兰色、藕荷色）

这种想要将男孩和女孩区分开的荒谬的意愿，滋养并强化了性别歧视的刻板印象。我们对此也有所察觉，因此近几十年来一直在推动女孩们摆脱这些刻板印象。但现在，我们必须试着再走走另外半边的路：鼓励男孩做自己，而不是被固化在墨守成规和性别歧视的世界观中。有时，一双普普通通的鞋就能体现出陈旧的观念和刻板印象！

让我们不要再像看到外星人那样看待喜欢粉红色的男孩了。 爱一种颜色胜过另一种颜色没有什么好奇怪的。面对这种情况时，请审视一下自己的反应，不要感到惊讶，甚至发出嘲笑。

让我们不歧视那些穿"少女色"的男孩。 他们这么做不是软弱或自卑的表现。正相反，在当下，一个男孩必须足够强大，才能在此起彼伏的笑声中继续穿着粉红色的运动衫。

他想要拥有一件覆盆子红的T恤？他舍不得放下那把紫红色的雨伞？为什么不行呢？**请允许男孩们穿上自己选择的颜色！** 或者做得更好一些，主动往他们的衣橱里添置一些。这就是博客"我儿子穿粉红色"[34]的博主查舒（Chachou）所做的事。在博客文章《你能接受我儿子穿粉红色吗？》中，她解释道："看起来像个女孩并没有什么可耻的。如果说女孩不应该因为她是女孩而在所做的选择上受到阻碍,那么男孩也一样。所以我试着推动这件事,并且享受这一过程。我模糊了性别之间的界限:粉色短裤、蓝色紧身连体衣、绿松石色冒险家T恤、灰色连帽衫、灯芯绒发夹。"

5.
玩洋娃娃与性取向无关

"恐同"迷思

不久前,一位朋友向我讲述了他儿子的情况,并表达了他作为一位父亲的担忧。他儿子还不到两岁,却哭闹着要一辆儿童手推车,因为他想和自己的爸爸妈妈一样,带着"宝宝"去散步。尽管这位爸爸并非大男子主义者,但他一点儿都不想满足儿子的这个愿望。"我知道我的想法很蠢,但我真不想给他买儿童手推车。"就在我们一起享用早茶时,他对我坦白道。为什么不想买呢?"手推车太'女孩子气'了,不是说像女孩,你能理解吗?⋯⋯"他一脸困惑地给吐司抹上黄油。我还真是无法理解,于是我选择装傻。我故作无知地问他:"你的内心深处是在害怕什么吗?怕你儿子会变成同性恋?""这么说挺傻的,但是⋯⋯是的,实际上可能就是怕这个。"他略带羞怯地向我承认了。

好消息是,这位父亲在反复斟酌后改变了主意,他的儿子终于得到了儿童手推车（顺带提一下，他特意买了粉红色的）。即便如此，他最初表现出的不情愿还是很典型的。

你们听说过纪尧姆·尚波的事迹吗？2016年12月，这位父亲在推特上说，他四岁的儿子在填写给圣诞老人的心愿单时，不敢写他梦寐以求的洋娃娃，因为洋娃娃在目录的"粉红色页面"中。"一天晚上放学后，我们正在吃饭，他很小声地问道：'洋娃娃是给女孩玩的吗？'我意识到他想要一个洋娃娃，但他又觉得自己没有资格拥有，因为他是个男孩。所以，我和妻子异口同声地告诉他："不，任何人都可以拥有洋娃娃，想要就告诉圣诞老人吧！你喜欢哪个洋娃娃呢？'听到我们这么问他，他如释重负地笑了，眼睛闪闪发光，随即开始谈论冰雪奇缘娃娃和彩虹芭比。"如果没有后续故事的话，这就是一个很好的结局。但纪尧姆·尚波在网上讲述了这件事后，却看到了一大堆针对他和他儿子的侮辱性言论。"你儿子是基佬吧。""我为他感到羞耻。""有其父必有其子。"……这位父亲说他最终收到了"数百条仇恨信息"。而这仅仅是因为一个小男孩想玩洋娃娃。

简而言之，这种非理性的恐惧（有时是仇恨）并不总会被记录下来，但它确实存在。即使没有被明确告知，许多男孩也被禁止参与所谓的"女性化"活动，理由就是他们可能会因此变得柔弱……甚至会成为同性恋。

性取向和社会性别没有关系

让我们明确一点:我们不会因为小时候玩洋娃娃而"成为"同性恋。可以确凿地说,喜欢芭比娃娃对孩子未来的性取向绝对没有影响,另外,是同性恋也不意味着他就会喜欢推着儿童手推车散步。一致协会的贝内迪克特·菲凯证实了这一点:"这里存在一个容易混淆的关键问题。你必须搞清楚的是,社会性别不是性取向。(就我们的文化标准而言)即便有些男孩或男人不那么有'男子气概',也依然是异性恋。但我们能够看到,对同性恋的恐惧仍然非常强烈,而这与性别歧视统治机制直接相关。"[35]

你是否注意到,这种对同性恋的恐惧正深深植根于我们的社会中,可如果是一个女孩把自己打扮成骑士,却并不会引起这种"恐同"的情绪?这完全不是偶然的,而是我们所身处其中的性别歧视统治机制造成的直接后果。正是这种机制,赋予与男性相关的事物更高的价值,且贬低与女性有关的事物。

这种恐慌也充分揭示了我们的社会对男同性恋的普遍看法——男性喜欢男性仍被视为异常行为。这也是社会观念对与生理性别、社会性别和性取向相关的概念大量混淆和误解导致的结果。

· **生理性别**:一个人的生理性别由其生物学特征定义(如男性或女性的生殖器,有的人两者兼有之)。除非做手术，否则一个人的生理性别是不可改变的。

・**社会性别**：社会性别由社会构建，指社会认为适合男性或女性的角色、行为、活动和特性。从这个意义上说，它因文化和时代而异。不久前，法国人还认为穿裤子或从事医生职业是非女性化的！与作为生物学依据的生理性别不同，社会性别是一个文化过程，是一个等级分类系统，并且造就了男性相对于女性的优越性。

・**性取向**：性取向对应的是我们的肉体以及性的欲望。它并不取决于我们的生理性别或社会性别。（你可以有男性生殖器，有被标记为"女性化"的品位，同时还是个彻底的异性恋。相反，你也可以在充满男子气概的同时，还是个同性恋者。）

男孩也可以喜欢玩娃娃、过家家

已经是 2018 年了，我却还总是惊愕地看到，小男孩想玩洋娃娃会让大人紧张不安。这种没有任何理性支撑的恐惧是由性别歧视和"恐同"心理所导致的，更重要的是，**男孩们其实已经玩了很久的娃娃了！**[36] 不然"特种部队"玩具算什么？难道不是给孩子们玩的微缩模型小人吗？它可能会被我们称为"人形模型"，但本质上它仍然是玩具娃娃！然而，对某些人来说，男孩玩这种玩具就不构成问题，令他们感到不安的是一个男孩正在玩一个婴儿模样的玩偶，或者说，一个迷你"宝宝"。

想要照顾比自己小的"人"有什么错？为什么照顾"宝宝"、爱抚它、喂它吃东西、带它散步会成为问题？这些行为难道不是父母们正对他们蹒跚学步的孩子做的吗？玩娃娃是一种模仿游戏，就像过家家、迷你厨房或迷你工作台一样。而且，**随着越来越多的父亲开始照料婴儿，他们的儿子试图效仿他们也没有什么好惊讶的。**

说到底，就是一句话：**把玩具娃娃放到儿子的手中！**玩娃娃对孩子的健康（和平等）是有好处的。对于那些仍然心存疑虑的人，我的回应是：这么做不会让男孩的生殖器脱落，也不会让他们变成同性恋。唯一可能发生在他们身上的事情，就是在未来他们会成为很称职的父亲！在我对卡特琳·莫诺（Catherine Monnot）的电话采访中，她也向我证实了这一观点，她是一位教师，也是一位专门研究儿童性别社会化的人类学家。她强调道："你的儿子总有一天会成为父亲、叔叔，他会有需要照顾孩子、为家人做饭、洗袜子的时候。你迟早要教会他这样做。正如教一个十几岁的女孩使用电钻很重要一样，你必须教一个男孩做饭，让他在现实世界中成为一个独立的人。"[37] 因此，我们有责任将玩具娃娃送进他们的房间……即使这意味着要走另一条教育路线。

许多父母原则上并不反对洋娃娃，他们只是害怕看到儿子在平安夜当着全家的面拆开一个娃娃礼包，或者为了避免他打开礼物时感到丢脸，而不敢给他买他梦寐以求的儿童手推车，仿佛这个玩娃娃的男孩立刻就会成为末世的预言。但是，**我们也可以绕过社会压力来提供这些玩具**，正如卡特琳·莫诺所做的那样："我儿子既没有亲姐妹也没有堂姐妹，为了同时应对大人和其他小孩的目光，我不会大张旗鼓地去买这些礼物，比如说，我会在旧货市集上购买，不会在圣诞节或孩子的生日时送给他。"如此，这些玩具就在没有引起任何争论的情况下，悄悄地进了她儿子的房间。就这样，她的儿子渐渐习惯了玩这些玩具……

6.
笑对性别歧视

以弃权的方式进行的性别歧视

"小不点儿"出生后,我意识到了这种对刻板印象的无休止的追击是多么令人疲惫,同时,我也知道这个任务无比艰巨。我必须时刻警惕,不断解释,有时甚至需要耍耍滑头,以避免这种无情的性别歧视谬论全面吞噬我的儿子。但我没有算到的是,这么做所需要的情感投入有多大。我已经习惯了和朋友激烈争论,也习惯了马塞尔叔叔带刺的话。但是当(我们最亲爱的)奶奶不断重复"男孩不该玩洋娃娃"时,又或是当我最喜欢的表亲(再一次)送给孩子一件印有"未来海王"的连体衣时,我却什么话也说不出。

因为我知道,他们并没有恶意。事实上,研究员玛丽·迪吕-贝拉(Marie Duru-Bellat)将我这样的行为称为"以弃权的方式进行的性别歧视"[38]。也就是说,**面对性别歧视,如果我们不对此采取积极行动,就等同于怀**

揣着最大的善意重蹈性别歧视的覆辙。

儿童平等发展研究所的创始人维奥莱纳·迪特罗普-沃特西诺斯在电话中向我解释："在性别歧视的大背景下，大多数时候，人们会在完全出于善意的情况下再现性别秩序。这就是为什么我们有必要原谅自己和他人。我们得先了解自己正处于怎样的进程中，以免失去理智。既要了解过去与现在我们在性别歧视的机制中是怎样成为利益相关者的，也要了解我们是如何遭到性别歧视的，以便我们能做出改变并采取行动。要知道，每个人反思或内化的阶段都不是同步的。牢记这点非常重要，它能使我们冷静下来。"

在与她交谈的过程中，我明白了一件事：**成年人会出于善意而复现性别歧视。**当他们对我们的儿子说"你是个男子汉"，或给他买一辆蓝色汽车（又来了！）时，并不是为了激怒我们，而是因为他们认为自己在做正确的事情（当然，不和谐的家庭关系除外）。**没有必要因为一点儿错误就去回击他们。**我经常发现自己扮演了"女权公仆"的角色，每当面对大声且清晰地捍卫自己的信念的人时，我就不得不降低自己的声调。永远处于对抗状态是没有任何好处的，很快就会让人筋疲力尽。况且，这根本就行不通。我关心的是尽可能消除常见的性别歧视，而不是让它成为一个恒久处于冲突中的议题。为此，硬碰硬可使不上劲。

善意是一种武器

我还记得我们给儿子找到保姆的那天——谢天谢地，我们终于能解决托管的问题了！面试很快就结束了。她是一位刚离婚的母亲，有一个十几岁的孩子，我们立刻就喜欢上了她。在我们讨论未来规划的时候，她向我们解释说，一直以来她照顾的都是女孩，因此，"小不点儿"将成为她家迎来的第一个男孩。不难看出，她想把工作干好。"我应该给他买些小汽车！"她笑着对我们说。那一刻，我脑海里所有的信号灯都变成了红色。我不确定到底是什么让我们吞吞吐吐，但我们还是转移了话题。被这种"善意的性别歧视"所刺痛的同时，我也对她的慷慨感到震惊。

从那时起，我经常问自己这样一个问题：面对托儿所或日托中心的整个团队，如何才能在不树敌的情况下，努力遏制这些带有性别歧视的态度和评论呢？我们的儿子大部分时间都将在学校（或托儿所）里度过。在那里，他将在很大程度上受到与他的社会性别有关的刻板观念、规范和要求的影响。也是在那里，他将被告知要把自己打造成一个有统治力的男性。尽管我们可以坚定地或幽默地反击来自亲朋的性别歧视，但面对儿童保育专业人员，这个问题会变得微妙一千倍。没人会喜欢被告知他们有性别歧视的倾向。同样，也很少有人会欣然接受别人否定他们的专业素养。然而，我采访的所有人都一致认为:**在面对性别歧视的情况或言论时，我们都得做出回应。但要怎么做呢?**

在这方面，没有万能公式（如果有那就太简单了）。但是，如果我相信维奥莱纳·迪特罗普-沃特西诺斯的经验，那么"以善意回应性别歧视"就是一个已经得到验证的方法。如果希望自己的心声被听到，最好的方式就是积极应对（是的，即便你想大吼大叫）。根据维奥莱纳·迪特罗普-沃特西诺斯的建议，我们必须把握住每一个机会，以开放的方式处理问题，而不是受到规则的约束。当保姆提出要买小汽车时，我们可以趁机说:"太好了，这样孩子们就可以做更多的游戏了！不过，也不妨给我儿子推荐女孩们在玩的游戏吧。这样大家想玩哪个玩具都可以了。"这样的回应方式可以让我们与保姆都感到愉悦。事实上，这位保姆可能仅仅是没有想过女孩们也可以玩这些车。我们有责任将这个想法灌输给她，引导她把玩具分给更多的孩子玩，从而为她照顾的孩子们提供更丰富的教育方式。

好吧，没有人说过这是容易的事，有时我们也可能会重蹈覆辙。拿我自己来说，每次听到性别歧视的傻话时(其实是经常听到)，我都没法保证自己不会翻脸。不过，表现出善意并不完全等于我们必须在所有情况下都要随声附和，重点是我们要利用这些问题来（稍微地）做出实际推动，即使这意味着必要时要迎头而上，和强势的一方起冲突。

孩子的利益高于一切

我已经可以想象"小不点儿"放学回家，向我描述男孩在蓝色纸上画画，女孩在粉色纸上画画的那一刻了（是的，我确信这些做法如今仍然存在），或者告诉我为了让一门与中世纪相关的课程更生动一些，老师建议男孩制作剑，女孩制作花冠（没错，这也是真实存在的）。如果这种情况真的发生了，我真得长吸一口气，然后才能找到合适的方式——当然是一个很友好的方法——不带个人情绪地向老师指出问题所在。

儿童平等发展研究所的维奥莱纳·迪特罗普-沃特西诺斯总是能给出好建议，她建议我们以不同的方式处理这个问题：与其总是发表关于平等、性别歧视或诸如此类宏观议题的高谈阔论，倒不如**把孩子的切实利益作为讨论的核心**。"我们当然可以质疑在学校发生的事情。不过，老师和家长的目标和任务是一致的，那就是给孩子们提供最好的教育，这也意味着，我们要为孩子们开辟多种可能性并保护好他们的自尊。我们可以在此基础上展开对话。"她进一步说道。

如果说对抗性别歧视的辩论容易变成争吵（不幸的是，肯定会吵起来），那就让我们换个角度切入——捍卫儿童的利益，这是一个更加难以反驳的论点。

举个例子，如果你的孩子在上协会式托儿所或家长式托儿所[1],你就可以**建议幼儿保育专业人员了解这些性别问题,引起他们的注意。**[39]如果你是中小学生的家长呢?**你可以回顾一下国家教育系统为实现男女平等而设定的目标,并询问学校在这方面做了什么。**

这并不意味着你会成功,也不意味着你能团结所有的学生家长加入你的斗争,但是,如果你能推动学校在年终演出中取消重排《白雪公主》的传统桥段,甚至交到一些女性主义父母做朋友,那总是一件好事。

---

[1] 协会式托儿所(Crèche associative)是由家长成立的协会性质的托儿所,由家长委员会管理。家长式托儿所(Crèche parentale)是由数个家庭自发组成的轮流照顾孩子的托儿所。

7.
在家里该怎么做？

我们要给孩子树立什么样的榜样？

有一件事是确定的：我们不可能一直保护着孩子，不让他接触外界。"小不点儿"就像曾经的我们一样，将一边在刻板印象中挣扎，一边在这个性别歧视盛行的世界中长大。从两岁起，他就会开始知道他的位置应该在哪儿。[40] 五岁时，他就会明白男人和女人注定要扮演不同的角色。**即便在家里，他也很快就会发现爸爸妈妈的分工也不太一样**。无论怎么努力，我们都不可能是完美的父母，我们也会被这些表象塑造，也会重复着偏见。确实，承认这一点让我们有些难以接受，但是引咎自责（或视而不见）没有任何作用，相反，最好将注意力收回，并**花五分钟集中审视一下我们自己的家庭结构**。魔镜，魔镜，告诉我，家里的真实情况是什么：是谁在作出财务决策？谁在承担采购任务？汽车保养呢？院子里的那些活呢？结果几乎都是一样的：家务劳动不仅很少被公平分配，而且它们的分配在很大程度上仍然存在性别差异。即便对女性主义者来说，这也是一样的！

以家庭维修为例。我并不反感维修，甚至还觉得很棒，但假设从未有人真正教过我如何使用穿孔器，而我又没有太多时间去掌握，结果就是……一般来说，都是我的爱人来做这些事情，因为通常他才是整理车库或开车的那个人。我则更多地在决定我们吃什么或维护社交关系（你们知道的，还有所有那些看似无关紧要的小事，比如庆祝彼此的生日、购买礼物、组织郊游、探亲访友、家庭社交生活等）。我们必须面对事实：性别偏见从家里就开始了！

让我们花点时间关注一下家务劳动。这是个非常普通但又高度政治化的话题。在我家，长久以来我们都在试图进行相对公平的家务分配，但每次到最后总能引起争执。我们也曾做过一些尝试，比如采取"假如我们是室友"的模式，共同参与家务，各司其职，轮流打理。有段时间我们还尝试用列表来分配工作，考虑给每项任务进行评分并在周末计算分数。令人遗憾的是，我不得不承认我们一直没有找到完美的解决方案。但是通过共同生活、协商和大量的讨论（这真的很令人头疼），我们最终找到了某种平衡。但随着"小不点儿"的到来，啪嗒！问题又回到了桌面。

这一次，这些破事不仅只与我们和我们的书架有关了。因为明摆着，我们有志于抚养一个独立的男孩，希望他能够意识到家庭中的不平等，并因此在以后的生活中主动分担家务。我们意识到应该为他树立榜样，尽早让他参与到家务劳动中。换句话说，作为父母的我们，尤其是爸爸，必须向他展示一个真正的男人是如何驾驭拖把和熨斗的。简单吧？理论上是的。但实际操作起来却不止于此。否则，为什么直到今天，女人们都不得不忍受双倍的家务？没错，就是双倍的，一点儿都没夸张。这不是我说的，而是法国国家统计与经济研究所指出的：在2010年，女性平均每天要花四小时零一分钟在家务上，与之相对的是，男性所花的时间仅为两小时十三分钟。相当令人沮丧的是，他们只比1986年的男性花在家务上的时间多了五分钟而已。朋友们，二十五年增长五分钟，这是个问题吧？

奇怪的是，这些男士并没有发起一场征服扫帚的伟大运动。总的来说，家庭仍然是女性的领地。关于这个主题，应该阅读一下记者兼小说家蒂蒂乌·勒科克（Titiou Lecoq）的佳作《解放：妇女解放斗争在脏衣篮前取得了胜利》[41]。她说，当她开始写这本书时，就曾与自己遇到的每个人，尤其是与女性展开讨论。她们中的大多数人都很认同这一点：总的来说，家务分工并不公平，必须做出改变。但是，所有交谈对象都表示自己很幸运，因为她们自己家里的分工没出什么大问题。在进行完前十次对话后，蒂蒂乌·勒科克认为这不过是个"巧合"。但在接下来的三十次对话里，她开始质疑这种回答。蒂蒂乌·勒科克强调说:"我所面对的是一个几乎所有关于该主题的研究中都会出现的经典推论:当受到质疑时,大多数夫妇都会认为自家的家务分配是公平的。"[42] 没错,**我们都觉得自己是平均主义者,但显然事实并非如此。**

让孩子干活吧!

2010年,法国女性承担了71%的家务劳动和65%的育儿任务。如果我们希望下一代更加平等,那就意味着总有一天男性必须公平地承担起相应的家务劳动。为此,我们必须从小就教育他们,在家里他们有属于自己的活要干(而不仅仅是坐享其成)。我们要向男孩们展示,他们在家庭生活中可以扮演什么样的角色,集体需要人人都参与其中(因此也需要他),而且,不会因为某人的性别预先确定其角色。

困难在于,日常生活中我们并不总是好榜样:如果爸爸从来不做饭,而每次水槽堵塞时,妈妈都只能打电话给爸爸求助,这样我们该如何倡导平等?

父母作为榜样的好处是,当我们言行不一致的时候,孩子很快就会向我们指出!其风险则在于,我们所树立的威信随时会像阳光下的冰雪一样融化(包括我们那些优秀的性别平等教育原则)。所以,没错,我们必须时刻鞭策自己。

如有必要,可以**回顾我们的家庭结构**。摆脱这些性别模式,并不是说要在一夜之间从上到下彻底改变家庭结构,而是要及时地、逐渐地改变我们的习惯。在缺乏绝对平等的机制的情况下,(坦白讲,谁又敢说自己做到了绝对平等呢?)**我们可以尝试将完成某些任务作为夫妻甚至整个家庭的使命**。例如,每个星期一起做一顿或两顿饭,让组装新货架成为一项家庭集体活动。这些事情既让我们有了共度时光的机会,同时也向孩子展示了我们双方都有能力完成这些任务。如果在家中妈妈总是围着灶台转,而爸爸常常离不开工作台,那不是因为他们命中注定该这样,而是因为他们选择了这么做(或多少愿意这么做),证据就是爸爸妈妈随时可以交换岗位。

让孩子做一些家务。这会加强孩子与家庭的联系,增强他的责任感与自尊[43],此外,还能为他在将来成为独立自主的成年人做准备。"建议尽早让孩子参与日常家务,根据年龄段调整家务内容,这么做能够逐渐增加他们的责任感。"[44] 在《巴黎人报》(Le Parisien)最近的专栏中,心理治疗师玛丽-罗斯·理查森(Marie-Rose Richardson)如此解释道。许多专业人士都建议让孩子从小事开始做起,循序渐进,慢慢升级到复杂的事情。这一点,我们可以从玛丽亚·蒙台梭利(Maria Montessori)的家务年龄对照表中汲取灵感,按年龄段给出简单而明确的参考标准。例如:

· 6 岁前:独自穿衣,收拾玩具、鞋子和外套,清理餐具，帮忙整理采购品，把脏衣服放进篮子里……

·6岁—7岁：准备点心，整理书包，将餐具放入洗碗机，给植物浇水，铺床……

·8岁—9岁：归置采购品，整理衣物，收拾洗碗机里的餐具，叠放干净的衣物，清扫阳台或露台，扔垃圾……

·10岁—11岁：准备好第二天上学要用的物品，做简单的食物，扫地或吸尘，晾衣服……

·从12岁开始：准备便当或简餐，拖地，洗车，换床单，洗衣服……

好吧，没有人说这很容易。要想成功地调动孩子的积极性（当然是要寓教于乐），或许我们得借助游戏、家长权威、签订协议或是列出家庭超级计划（甚至是同时采取所有手段）。如果全都做了，孩子仍然不想参与其中，我们还有最后的手段：罢工。让孩子不得不穿着脏衣服去学校（因为他还没有清空脏衣篮）或者每晚只能吃意大利面（因为他没有如约准备像样的饭菜）。这一招确实激进，但很有效！

与孩子谈谈成见

某个早晨，我在化妆时（每天早上我都会化妆），开始设想几年后当"小不点儿"问我各种"为什么"时，我该怎么回答。"妈妈，你为什么要化妆而爸爸不化？""你为什么在腿上打蜡而爸爸不打?""你为什么穿高跟鞋而爸爸不穿?"是的,作为女性主义者并不意味着我们要放弃所有女性特征(即便我们意识到了其中的性别歧视要素)。但是,如果我们自己的行为都反映了刻板印象,那我们又能在多大程度上促进平等教育呢?如果我明天就停止工作转而全职带孩子,会怎样呢?家庭主妇的身份会让我抛掉所有的教育原则吗?

人类学家兼教师卡特琳·莫诺就这一点向我保证:**我们自身的矛盾恰恰可以帮助我们找到解决刻板印象和性别角色问题的方法。**"如果你是一个全职妈妈,你就可以向孩子解释自己所做的选择,以及在实际情况中我们觉得好与不好的地方。你可以回顾自己所受过的教育和曾经所处的性别模式,千万不要害怕去谈论自身的矛盾。"她建议道,"时不时地念叨着我们的那些矛盾的处境,而后又对此一笑了之,这难道不是正好说明了现实情况并非像我们想象的那样美好吗?"[45] 也许现在是时候向我们的孩子解释了:一个世纪前的女性所拥有的生活方式与今天的截然不同,不同国家的人的生活方式也有所不同,男性和女性的角色会随着时代和地域的变化而改变。简言之,孩子面对的性别模式不是一成不变的,只要他想,就可以摆脱它。

关键是要让男孩学会质疑。卡特琳·莫诺继续说:"无论背景如何,我们都必须对刻板印象加以解释和辨别。试着找出反例,比如提醒他回忆一下某位留着长发的叔叔,他的长发并不妨碍他是一个男人;还有某某表姐,既会跆拳道又是一名航天工程师,然而她确实是一个女人。"

多年来,对性别平等的讨论还教会了我一件事:不管面对的是大人还是孩子,用一句"为什么"去回应那些带有成见的说法,几乎万无一失。方法很简单。如果孩子坚持认为女性是要做家务的,那就问问他"为什么"。对于他的每个回答,都回问他"为什么"。只要追问到极限,他最后总会发现他所说的根本站不住脚。如果他没发现的话,那就算了(至少这次算了)。最重要的是,我们培养了他对周遭事物,包括对家里的一切进行批判性思考的能力。

8.
建议而非审查？

提供一些截然不同的榜样

"小不点儿"还不到一岁的时候，我就已经在想，几年或数月后，当他不得不面对学校、朋友、健身房、电视……简而言之，就是一切来自外界的影响时，我们要作何反应。因为优先考虑无性别教育，意味着我们必须试着另辟蹊径。这么做的结果就是我们会发现自己总是在反主流，而不是顺应它。当然，这并不是要教大家像培养稀有的异国蝴蝶那样抚育我们的孩子，也不是要通过禁止操场上所有流行的东西来让孩子与他人隔绝。但我们仍然可以避免一些最坏的情况发生。

针对电视节目

你们最近看少儿频道"古丽"（Gulli）了吗？2016年，网站"电影即政治"（Le Cinéma est politique）的一位博主做了件通常父母们不太能容忍的事：她看了一整天的电视，并始终锁定在这个令孩子们醉心不已的少儿数字频道上。她这么做不是为了回归童年，而是因为她心怀疑问：动画片到底在给孩子们传递着什么样的性别表达？我们应该问这个问题，尤其是当我们知道了法国4—14岁的孩子平均每天要在电视机前度过三个小时以后（并且其中四分之一的孩子的卧室里就有电视）。[46]那么答案是什么呢？简直惨不忍睹。在大多数节目中，女性角色不但占少数，形象还很刻板，并且总是自甘低人一等。"在那些为男孩制作的漫画中，除了作为主人公潜在的恋爱对象出现之外，女孩的形象甚至完全消失了。"[47]这位叫里夫卡·S·（Rivka S.）的博主在进行如上实验后总结道。一边是无趣的女孩，一边则是处于世界中心的、带着征服者和统治者的强壮形象的男孩。从迪士尼的经典作品到《乐高未来骑士团》，**那些贪婪地吞噬着孩子们的动画片，才是真正的性别歧视学校。**

你可能会说，从此又多了一个把电视机扔到窗外的理由。或许还没有走到这一步的必要。不过，**控制孩子打开屏幕的次数和看屏幕的时间还是非常值得做的事。**要做到这一点，我们可以依照治疗师、临床心理学家萨比娜·迪弗洛（Sabine Duflo）给出的方法进行实践。为了让孩子们能够"适应屏幕而非被它俘虏"，她提出了"四不"规则：

・早上不看电视；
・进餐时不看电视；
・入睡前不看电视；
・孩子的房间里不装电视。

这些规则能让全家都受益，对孩子来说更是有用。在面对某些频道的节目（包括黄金时段）中所含有的暴力、性和性别歧视导向的内容时，孩子尤其容易受到伤害。不只是电视，平板电脑、智能手机和电子游戏都免不了会有这样的风险。暴力常态化、注意力缺失、交流障碍、过度依赖……越来越多的研究指出电子屏幕带来的危害无处不在，政府机构也逐步开始采取行动。比如2017年，法国家庭、儿童和妇女权利部发起了预防运动，呼吁不让三岁以下的孩子使用屏幕，为八岁以下的儿童定制特别节目，遵守儿童和青少年的分级制度（众所周知的"－10""－12"等）……简而言之，一些基本规则可以帮助孩子们在面对屏幕（及其内容）时应对自如，而不是只能被动接受。

就算不想充当女性主义版《真理报》，我们也可以管管电视节目的闲事，对那些消费儿童的内容行使监督权。"在家里，家长可以像管理孩子的餐食一样限制他观看的内容。如果希望孩子身心健康，那么对这两方面的管控都很重要。"卡特琳·莫诺建议道。更具体一点儿来说，这就意味着我们要对令人难以忍受的《小猪佩奇》[1]痛下狠手了。

就像我们会带孩子们品尝新口味而不是只吃番茄酱意大利面一样，有些影视作品中的主人公和我们惯常看到的那些截然不同，并且有着积极的意义，我们可以将这样的影视作品分享给我们的孩子们看。顺便说一下，榜样不分男女。厌倦了看到主角（几乎）总是肌肉发达且有统治力的男性，该怎么办？可以让男孩们看到，男性也可以是敏感的、有灵气的，比如《跳出我天地》；男性也可以成为没有男子气概的超级英雄，比如《宇宙小子史蒂芬》。还有《小羊肖恩》《花园墙外》《探险活宝》《愚蠢的侵略者》《小马宝莉》《大红狗克里弗》……我们的确能找到一些非性别歧视的动画片！

针对儿童文学

一致协会的性别政策官员贝内迪克特·菲凯仔细研究了那些放置儿童文学作品的书架，得出了与上文几乎

---

[1] 著名动画片《小猪佩奇》因内容中涉及身材羞辱、性别歧视、性别偏见等观念而备受争议。2019年，因在动画中使用"fireman"一词，而非现今被广泛推广使用的、更不具备性别歧视的"firefighter"一词，英国消防局的官方推特账号公开对它批评，并说：用词不当会让女孩不愿成为消防员。"fireman"和"firefighter"虽都表示"消防员"，但前者因后缀"-man"（男人）含有性别歧视之意而渐渐被淘汰使用。

相同的结论,即在我们的书籍中总是能看到这样的内容:爸爸在工作,妈妈在照顾孩子,男孩们大放异彩,而女孩的形象总是缺席。在这些书中,"最具性别歧视奖"一定要颁发给法国弗勒吕斯出版社出版的"小小女孩"系列和"小小男孩"系列(后者的内容不是汽车就是飞机)。我保证,就算你把"小小男孩"系列中的《杰克的四驱车》弄丢了,也没有人会责怪你。如果真有人责怪你也没有关系,因为这正好创造了一个绝佳的机会,让大家聊聊性别歧视这回事。

不过,在这一望无际的充满刻板印象的书海中,依然有沧海遗珠。"好在,儿童文学作品中确实存在一些绝妙之作,要是能把它们拣选出来,我们就能够得到一份帮助孩子们摆脱性别束缚的书单。"贝内迪克特·菲凯安慰我说。她设计了一本小册子,可以作为如何选择非性别歧视书籍的参考资料。好消息是,**如今我们可以为孩子们找到非性别歧视的书籍了**。虽然这些书并不总是最畅销的,但它们确实存在。

但难点在于,这些进步的文学作品实际上更多提供的是女性的非典型榜样,而描写温柔的男孩、不爱战斗甚至会哭鼻子的主人公之类形象的故事仍然很稀缺。一定要找的话,也没必要专门去搜寻某家可以放心购书的完美出版社(即便是出版了优质图书的出版社,也免不了会出版一些内容很差的书)。**想要挑选到那些我们希望介绍给孩子们的书籍,最好的方式是对照非性别歧视的**

阅读评分表来选择。贝内迪克特·菲凯建议:"一份检查清单或是对照表,都能帮助我们确定一本书的好坏。"我们可以优先考虑以下几点:

· **人物**:书中人物的性别是一边倒还是两者兼有?女孩和男孩分别处于故事中的什么位置?

· **角色**:是否为某一单一性别的角色承担某一职责?人物的行为是否被限制在传统的性别中(例如男孩爱在户外,女孩爱在家里)?

· **插画**:是否丰富多样?那些图像是中性的,还是正相反,非常强调性别?

· **语言**:是如何描述男性角色的?是"坚强""聪明""勇敢"吗?那女孩呢?她是不是总是被形容为"温柔""美丽""娇小"?(如果是这样的话,就放下书立刻走开吧。)

虽然我们试图为男孩们找到非传统的具有积极意义的榜样,但也不能阻止孩子去读女主人公充满胆量与勇气的书,或者那些让历史上那些伟大女性的形象焕然一新的作品,比如佩内洛普·芭桔(Pénélope Bagieu)那本超赞的漫画作品《她们的传奇》(*Les Culottées*)。

跳出"足球或橄榄球二选一"的情况

社会学家克里斯汀·门内森（Christine Mennesson）的研究充分揭示了休闲娱乐，特别是**体育活动在性别规范的构建中发挥着的重要作用**。此外，这些活动还有助于创造一种男性气质的模式，而小男孩们显然被期望遵循这种模式。我和人类学家卡特琳·莫诺正好也谈论过这个话题。由于她一直致力于研究女孩和男孩的体育运动，并且自己就育有一儿一女，所以她的经历让我很感兴趣。一开始，她把儿子送去学柔道。在电话中，她告诉我："我觉得如果他像其他人一样，花点儿时间和学校里的朋友一起适应、融入校园，会对他有好处。柔道课两个星期一次，在上课的这两年中，每次他回到家后，我都能看出来他在课上受尽了煎熬。在柔道课上，孩子们背着老师互相辱骂、厮打……在那种环境里学习真的很难熬。"实际上，她的儿子自己想要学的是跳舞，但她犹豫了。"作为父母，我们知道这对男孩来说是存在社会压力的，所以我没有答应他。"她坦言道，"但他是真的很想学！"最终，她还是为他报名了舞蹈课。她和儿子都没有因此感到后悔。

当然，也不是说所有小男孩在社团活动的选择上都更倾向于舞蹈。在芭蕾和足球之间，还有许多其他活动。**尽可能优先选择那些男女混合的活动**，比如轮滑和攀岩。在这些休闲活动上，男孩与女孩一起玩有助于打破其对异性的先入之见，这样做不但能让孩子们明白很多事情他们是可以一起做的，还能增进女孩和男孩之间的友谊，真是一举两得。

在我们做主为儿子报名足球或橄榄球之前，先向他**推荐一些不同类型的活动**吧，并且要询问他自己真正想做的是什么。"在那些他选定的活动中，家长可以帮助他筛选。如果认为宣扬男子气概和激烈竞争的足球文化不符合我们想传递给儿子的价值观，就有必要告诉他，我们暂时不赞成他踢足球。"卡特琳·莫诺说。也许，我们可以放慢速度，**先让孩子尝试一下其他活动**。如果他还是坚持不放弃，就可以考虑在下一年让他加入市里的足球俱乐部。

我们这样做，不是为了剥夺他做自己想做的事情的权利，而是要开阔他的视野。

开拓新的可能性

让我们忘掉关于"平等的暴政"的老生常谈，抛开讽刺女性主义者的漫画。以反性别歧视的眼光抚养小男孩，并不等于要让他们进入一个严酷的世界，放弃与我们的价值观有偏差的一切，也不等于要让男孩生活在一个禁止打球并被迫玩洋娃娃的世界中。相反，这是让他们生活在一个既可以打球，也可以玩洋娃娃的世界中，一个既可以喜欢橄榄球，也可以喜欢《小马宝莉》的地方。

我们可能还没有拿到完美的女性主义父母使用手册，但我们至少要知道一件事：**关键是扩增，而不是删减**。我们要把重心放在建立快乐的女性主义亲子关系上，给孩子们提供最多的选择，而不是耗尽心力地审查。

在此过程中，孩子们必须获得更多的自由。关于平等的讨论固然很好，但是一个十岁大的孩子并不会直接成为性别歧视的目标，因此讨论最终也不会对其产生太大的影响。我们都很清楚，在父权制的社会中，最终会是男孩们胜出，但与此同时，在某种程度上，他们也会更不自由。**给男孩们真正自由的前提，是要质疑性别带来的枷锁**，让他们发展自己的个性，培养出一千零一种热情。要质疑性别带来的桎梏，就要开阔他们的视野，开拓他们的可能性。

第三部分

向平和的男性气质迈进

我还记得有天晚上朋友们来家里吃饭,其中两位带了孩子来,比我家"小不点儿"大不了多少。当我们在客厅聊天的时候,那个小孩摔了一跤。他错愕地坐在地上,回过神来后就号啕大哭起来。其中一位男性朋友不假思索地飞奔过去"救"他,帮他擦干眼泪。"来来来,没事没事,不哭了。男孩子要坚强!"他一边说着,一边和蔼地把他扶起来。虽然乐见朋友的关心,但我还是不由得质疑:为什么十五个月大的婴儿必须"坚强"?他要通过什么方式去表现"坚强"?同时,我的想法也再一次得到验证:我们是多么急切地想看到我们的孩子,特别是男孩,吞下自己的眼泪。在类似的情况中,女孩很少听到别人要自己"坚强"。你们可能会说,这很合乎逻辑,毕竟女孩们普遍被认为比男孩们更敏感、更脆弱,男孩们的硬汉名声早已确立。

"啊!你看着吧!男孩更好斗,没那么扭扭捏捏。还有就是这些小家伙们更需要相互较量。"有人早就给我这么打过预防针。再说了,这不也正是我们对他们的期望吗?不久前,一位朋友告诉我,他小时候有一次因为打架而在学校受到惩罚,由于他老爸属于比较严厉的家长,他已经准备好了接受他爸的训斥。但是,让他惊讶的是,他爸只是关心谁在打斗中占了上风。而后,他祝贺儿子打赢了这场架!就像他很早以前就明白了男孩不应该哭一样,在那天,还是小男孩的他意识到:打架不是问题,打输了才是问题。

"别玩洋娃娃。""要强大。""拿出点儿样来。""别像个姑娘一样。""这么做太'娘'了。"在21世纪初,对男孩的教育远未发生革新。像他们的父亲和祖父一样,男孩仍被强大的男子气概所支配。"你会很有男子气概,我的孩子/我想看到你苍白的肤色变黑,战斗让你的意志得到锤炼……你会很有男子气概,我的孩子/你的强健体格、领袖气质和不羁姿态会让你闪闪发光/你那优越的性别让你能够蔑视弱者。"歌手埃迪·德普莱托(Eddy de Pretto)在《孩子》(*Kid*)一歌中如此唱道。这首歌发行于2017年秋季,是德普莱托受自己的家庭故事启发而创作的,描述了父子关系以及这些在男人间代代相传的规则的负担。通过一种诗意的呐喊,艺术家诉说了自己的遭遇,并谴责了"过度的男子气概"。《孩子》这首歌之所以如此受欢迎[1],可能是因为它引起了很多男性的共鸣。

诚然,男子气概作为权力和统治的同义词,赋予了男性优胜者的角色。强大、果敢、好动、健壮、性张力……

即使在今天，充满男子气概的男性形象也依旧是社会的主流范本。但是，正如社会学家皮埃尔·布尔迪厄（Pierre Bourdieu）所说，这种认为男性优于女性的模式，是一个彻底的"陷阱"。因为男子气概不仅要求男性主宰他人（女性、同性恋者、"娘娘腔"），还要求男性牺牲自己的个性和感受，让他们始终处于不败的地位，绝不能表现出丝毫软弱的迹象。一次又一次，他们必须证明自己从头到尾都是真正的男人，充满勇气。即使这意味着他们可能要为自己的冒失承担后果，将自己置于危险之中，或是对别人、对自己施以暴力。

轻生、学业失败、心理上的痛苦、暴力……对男性和整个社会来说，追求男子气概所付出的代价都是高昂的。也正因如此，一些人决定终结这一由来已久的规则。他们卸下了这沉重的男性盔甲，重新塑造男性气质，并向我们表明，把害人的规则换为自己的自由后，男人可以获得一切。

1.
培养男子气概的学校

一家之主的地位

最近,我偶然发现了一本古老的年轻女孩教学手册,就是那种可以读到所谓"必备干货"的书,教女孩如何成为好妻子和完美家庭主妇,比如:"家务,看似琐碎不重要,实则很崇高,用一句话来概括:为他人着想。"[2] 什么?干货?这简直令今天的我们发笑(其实是勉强地苦笑)。但这些教导女性如何顺服的手册不是无关紧要的东西,它们让我们回想起了这一路我们是怎么走过来的,(山高路远!)并让我们看到了:**在给女孩的教育上竟耗费了如此多的笔墨**。早在 1373 年,德拉图尔·朗德里骑士就写了一本《教导女孩的书》,在当时,这是一本真正的畅销书。更近一点的例子是出现于 18 世纪,并在 20 世纪中叶仍然普遍流行的家政书籍,这类书籍的目的不仅是为了把女孩们变成贤妻良母,正如 1911 年克拉里丝·朱朗维尔在《给年轻女子的公民教育和道德教育手册》中所写的那样,还要向她们反复灌输"品质、美德和情感"。[3]简而言之,这一切都关系到如何教女孩成为女人。

那么,在男孩这边呢?对他们的教育是否也能让人滔滔不绝?他们是否也是在这些端正品行的指导下一代代长大的?让你猜一千次你也猜不到:不,**与女性的教学手册相对应的男性教学手册根本不存在**。"即使可能有专门针对男孩的书籍,也没有给女孩的那么明确和系统。"历史学家让-雅克·库尔蒂纳向我证实了这一点,他是那本绝妙的《男人的历史》[4]的合著者。

对男孩的教育没有引发如此多的讨论,也不是出于巧合,只是因为**女孩注定无法在社会等级中占据和男孩相同的地位,古往今来一直如此**。"从某种意义上来说,女性必须'搞清楚自己的位置'。或者更确切地说,她们要学会恪守本分,"让-雅克·库尔蒂纳解释说,"男孩也需要搞清楚属于他们的位置,但那是他们'应得的'位置。所以并不意味着对双方有同等的要求。"这就是为什么你不可能在网上看到《完美的一家之主手册》的节选部分。

在无形中制造男人

因此,对男孩的教育并不像对女孩的那么清晰。"男人不是天生的,而是后天被造就的。"哲学家伊拉斯谟(Erasmus)写下了这一名言。三个世纪后,西蒙娜·德·波伏娃（Simone de Beauvoir）将它女权化了。[1] **就像女性要学习做女人一样，男性也需要学习如何做男人。** 当前者在学习恪守本分时，后者必须学会如何表现出强大、坚韧和有征服力。简而言之，他们必须变得有男子气概。

为了理解锻造"真正的"男人的方法，我们必须先停下来，花点时间讨论一下男子气概的概念。自古以来，这一概念就是教育男孩的核心，几千年来，它一直作为模型塑造着小男子汉们。**成为一个男人的过程，就是学习拥有男子气概的过程。** 与我们可能会认为的相反，今天经常出现的男性气质一词与它没有太大关系。"从历史来看，'男性气质'（masculinité）一词的含义与过去颇有不同，"历史学家让-雅克·库尔蒂纳提醒我们，"在19世纪，'阳性的'（masculin）本质上是指一个语法类别。况且，我们并不只要求男人'有男人味'（masculins），我们还要求他们'阳刚'（virils）！"⁵

这种理想模式远不是昨天才有的。纯粹的男子气概源远流长，几乎可以追溯到开天辟地之时。它深深植根于我们的脑海中，是一个古老的模型。当然，它会随着时间的推移而发展，但不变的是，**它始终基于三个相同的价值标准：力量、英雄主义和性能力。**"首先，男子气概总是需要体力的，在战斗中更是如此，而死亡则是对男子气概的终极考验。其次，它是一种呼唤勇气和道义

---

[1] 在其著作《第二性》中，波伏娃掷地有声地抛出"女人不是天生命定的，而是后天塑造出来的"这一观点。

的理想。第三，男子气概体现在性能力上（看看我们有几个妻子，再看看我们生了多少孩子）。"让-雅克·库尔蒂纳补充道。

因此，几个世纪以来，男孩们一直被教导要尊重这三个男子气概的价值标准。但无论是在教科书里还是在传授礼仪的传统课程中，**培养男子气概的教育都无影无踪**。古往今来，这种教育都是通过更间接的渠道进行的，这是写就于男人之间的心照不宣的无声故事。"很长一段时间以来，对男孩的教育都是在男性世界里秘密进行的。家庭教师、导师、神父、市长和父亲在各自的领域联合起来，使男孩成长为男人。"[6]历史学家安妮-玛丽·索恩在她的著作《制造男孩：1820年至今的教育》中指出。童军组织和寄宿学校也被证明是非常有效的男子气概实验室。在那里，欺凌、体罚、考验和剥夺构成了培养男子气概的基本要素，男孩被迫变得冷酷无情。

在这个制造男孩的过程中，入会仪式起着重要作用。虽然仪式的性质会随着地点和时代而变化，但它们总由残酷的生理和心理考验构成，目的是要让男孩成为男人。这些仪式通常都含有性的元素。在《伟人的产生》[7]一书中，人类学家莫里斯·戈德利耶便举例了新几内亚巴鲁亚部落残忍的男孩成人仪式。在《男子气概的神话》[8]中，哲学家奥利维娅·加扎莱则讲述了古希腊为向青少年传递必不可少的男子气概而进行的"男色"教学实践。就在不久前，在法国，性交易还被视作服兵役的入会仪式。

在军营和红灯区,男孩们通过掌握被认可的规则、价值观和姿态,学会了"像男人一样"行事。顺便说一下,这些都是在没有明说的情况下进行的。

判断男子气概的标准是在无形之中形成的,这是其特殊之处,也是社会学家皮埃尔·布尔迪厄所说的"习惯"[9]的一部分,即我们在与他人互动的整个过程中,总结归纳出的一整套惯例与存在之道。它的存在是如此自然,以至于我们以为它是与生俱来的。而这正是问题所在。"一方面,它与这些行为的自发性有关:就像一种自然流露出的雄性本能,对于一个强大、勇敢、性欲旺盛的男性来说,这些行为确实是很'自然'的;另一方面,这些行为还会持续不断地流传下去,换句话说,这些事情不能被改变。"[10]让-雅克·库尔蒂纳解释说。

西蒙娜的洞见很是让人佩服!正是因为男子气概的模式已经将男性统治合法化了几千年,所以社会根本没有改变它的动力。与(被认为倾向于情绪化、软弱和顺从的)女性不同,男性自然而然地站在了力量、战斗和权力这一边。因此,逻辑上来说,他们在社会上占据了主导地位。"传统的男子气概是根据男性天生优于女性的不对等观念而定义的,这使得男性在社会中的主导地位合理化,同时还催生了这样的想法:女性就像孩子一样软弱,就该由男性保护她们。"[11]精神病学家塞尔日·赫菲兹(Serge Hefez)很认同这一观点。

时而有保护欲,时而好斗,**男子气概不再是简单的**

理想模式了,它是一个神话[12],它合理化了男性对女性、儿童以及其他所有不符合"阿尔法男"[1]形象的男性的统治。这也说明了挑战这种古老的模式,并让男孩摆脱它有多么重要。

---

[1] 在英语国家,男人被分为"阿尔法男"和"贝塔男"。"阿尔法男"一般是野性的、运动的、肌肉的、霸气的;"贝塔男"一般是温暖的、肉乎乎的、顾家的、好脾气的。

2.
男性的恐慌

2017年3月底的一个星期三,晚八点刚过,大卫·普哈达斯便在他的电视新闻节目中播报了专题新闻《什么是男人?》,报道当下某些宗教团体在法国组织的"男性气质训练"。"我们该重申男性气质吗?这个问题听起来很造作。但事实上,自1960年代起,在父权制结束的这半个多世纪里,许多男人都对此感到过困扰……"你可能错过了他在节目中的这段发言,但那天晚上报道的要点是:瞧,男性统治已经结束了。这还真是一个重大的消息——父权制被终结了,被扔进了垃圾桶!顺便提一下,你们知道吗? **真正的男人似乎和北极熊一样濒临灭绝。**

"经过几十年狂热的妇女解放运动后,男人们还剩下什么?不,男人没有消失,他们变身了,变成了女人。今天的男人会给自己脱毛,也会照顾婴儿,他们忠诚、多愁善感,还热衷消费。充满男人味的大男子主义早已被遗忘,如卡萨诺瓦[1]那样的男性吸引力也遭到了唾弃,

---

[1] 贾科莫·卡萨诺瓦(Giacomo Casanova)是极富传奇色彩的意大利冒险家、作家,18世纪享誉欧洲的"大情圣",一生中有着不计其数的伴侣。

'第一性'只存在于名义上了。"[13]时事评论员埃里克·泽穆尔在他的书《第一性》中表达了这种遗憾（他也在电视里、广播中、报纸上表达了，简而言之，在他所到之处都表达了）。但他并不是唯一被现代的"去男性化"所震撼到的人。儿科医生阿尔多·纳乌里、精神分析师米歇尔·施奈德、专栏作家伊万·里乌福、思想家阿兰·索拉尔等，这些人都在向我们讲述着同一件事：**以前的男人更好**。在女性主义还没有征服和剥夺他们的男子气概以前，在社会还没有变得女性化以前，在母亲没有掌握全部权力以前。

在这种背景下，很难心平气和地去讨论教育男孩的问题。在我们的社会中，当我们谈论男子气概的标准时，很少有人发出质疑。不，当我们谈论男子气概时，几乎总是在哀悼它的消逝，因为到处都能听到关于男子气概正处于危机之中的言论。显然，这一切仍然都是女性的错。

（仍然）处于危机中的男性气质

真是这样的吗？哲学家奥利维娅·加扎莱在著作《男子气概的神话》[14]中表达了自己对这种"男性的不安"的兴趣，这本引人入胜的书引起了很大的反响。在书中，她特别说明了这种关于"**男子气概危机**"的言论并不新鲜，这样的陈词滥调早在古希腊就有了！她解释说，每一代人都在怀念着"逝去的黄金时代，在那个时代，最初的男子气概还未变质腐坏,男人还能够完全且绝对地具备'男子气概'"。公元前5世纪,古希腊诗人阿里斯托芬(Aristophane)对年轻人不再像其长辈那样被有男子气概的方式抚育长大而感到遗憾。文艺复兴时期,人们渴慕中世纪骑士的力量和勇气。19世纪末,人们对男子气概的退化感到担忧。换句话说,奥利维娅·加扎莱所说的那种"去男性化的幽灵"一直徘徊在男性的意识上方。

这种恒久的危机与男子气概的本质有关。"男子气概一直都是年轻男性必须实现的理想,或者是男人曾经拥有但又不再拥有的东西。它是生命体对集体历史的投射。然而,人在生命面前总是无能为力的。因此,这一现实在很大程度上解释了为何男子气概危机会反复出现。"[15]历史学家让-雅克·库尔蒂纳是如此解释的。男子气概反映在至高无上的权力上,但男人的理想却与其现实境遇自相矛盾了,他们被证明他们不但错了,而且对此无能为力(无论是在本义上还是转义上),他们不可避免地走向了衰退(在身体和生理上都是),并因此远离了这种男子气概的模式。

显然,男子气概是一种不可抵达的理想。"总是存在比自己更强大、更勇敢、更有活力的人。我们永远无法实现这样的理想。"让-雅克·库尔蒂纳继续说道。因为男子气概所要求的事不可能实现,因此它会引发巨大的脆弱性。无论它代表的是已经失去的力量,还是尚未找到的力量,它都注定永远处于危险之中。这就是为什么,从一个时代到另一个时代，我们总是能听到关于"男子气概危机"的讨论。

男子气概不会灭亡

不过，这一次，男子气概所经历的危机似乎与以往不同。因为事实上，20世纪发生的前所未有的重大社会变革动摇了其主导模式。从妇女解放运动开始，"第二性"千百年来第一次发声，质疑男性的无所不能。这必然会引起某些人的不快，但这远不是这场著名的"男子气概危机"出现的原因。

长期以来一直是男性领地的职场经历了剧变，与1950年代那个男人养家糊口的世界已经没有太大关系了。不仅仅是因为如美国记者汉娜·罗辛在她的著作《男人的终结和女人的崛起》[16]中所提出的那样，女性大量进入职场。**工作的机械化、不稳定性、激烈竞争以及失业率的爆炸式增长等，都极大地削弱了劳动者值得骄傲的形象。**

更不用提战争的影响了。**长久以来塑造着男性人生的战争也发生了转变。**第一个转折点是第一次世界大战，男人们见证了一堆又一堆被运回（以及运不回来的）的尸体和惨不忍睹的毁容者，让-雅克·库尔蒂纳指出："男子气概受到了致命的打击。钢铁和战火取得了胜利，凌驾于勇气之上。"[17] 伴随着其他冲突，在一个世纪后的今天，人们发现男子气概正在失去被战争考验的权利。在现代技术的帮助下，战争已离我们很远，它不再是一代人的事，而是一支职业军队的事。而战斗，过去曾是对男子汉的考验，如今已成了一个遥远的意象。

所以，也难怪几十年前我们想象中的男性形象正在被重塑。不过，有一件事是肯定的：**男子气概可能正处于动荡地带，但它绝对不会被掩埋。**

男子气概的原型继续困扰着男性

与"去男性化"的批评者所说的正相反，**充满男子气概的"硬汉"形象仍然在我们的社会中占突出地位**。在许多领域中，它仍占据着显眼的位置。只需要观察一下就能发现，作为男性堡垒的政治竞技场，身处其中的男性必须有勇气登上"王位"；在体育馆和运动场，"阿尔法男"几乎总是在其他男人的注视下竞技；英美地区大学的兄弟会，用美国社会学家迈克尔·基梅尔（Michael Kimmel）的说法就是"把男孩变成男人的危险世界"[18]，总是伴随着欺辱新生、纵酒作乐和侵犯他人的行为。最后，只要看看战争在娱乐业（以及虚构作品中）所占据的大量比例，就会明白男子气概的模式仍然生龙活虎地存在着。

你知道 2017 年美国最畅销的电子游戏是哪款吗？是《使命召唤》，一款再现第二次世界大战中心地带的超现实沉浸式游戏，它同时也是 2017 年法国销量第二、

2015年全球销量第一的游戏。这一切并不完全是巧合。"就算战争在现实世界里结束了,它也会继续出现在屏幕上。你一定会发现,战争越少时,战争电影就越多。这就是德国社会学家马克斯·韦伯(Max Weber)所说的'昔日宗教信仰的幽灵'[19]。英雄和充满男子气概的人就该在战斗中死去。古往今来,一直如此……"[20] 历史学家让-雅克·库尔蒂纳对此观察道。

男子气概的理想并没有消失,它只是发生了变化,并继续困扰着男性,有时甚至到了疯狂的地步。我尤其想到了安德斯·贝林·布雷维克和他在于特岛杀害的七十七个人(挪威,2013年)、尼古拉斯·克鲁兹和帕克兰中学死亡的十七人(美国,2018年)、奥马尔·马丁和奥兰多的四十九名受害者(美国,2016年)……名单远不止这些。

"你看到过很多女孩实施大屠杀的案例吗?我反正没有。你看到过有人指出这些大规模枪杀案与男子气概有关吗?也没有。然而,它的影响也确实是直接的(虽然不是唯一的原因)。"让-雅克·库尔蒂纳说道,"要么是因为这些家伙认为自己是兰博之类的人,要么是因为他们还远够不到那种理想,从而想要为自己建立一个想象中的男子气概形象。毫无疑问,这些杀戮与男子气概有关。"[21]

是的,整个男性世界都存在一个危机,但要对此负责的不是女性。如果男性深受其苦,那只能怪罪男子气概本身。

3.
终结有毒的男性气质

被推着前行的男孩

"不许哭。""别那么'娘'了。""拿出真本事来。""做个男子汉。"……男孩们对这些话都再熟悉不过了。自踏入学校操场那一刻起,甚至是还在摇篮里时,他们就总能听到这些陈词滥调。在家里、学校里、运动场上,甚至是在音乐短片、电视节目中,这样的话无处不在,一直跟随着他们。调研机构凯度于2018年春季进行的一项调查显示,18—35岁的男性对于"男子汉意味着什么?"的回答是:"勇敢"(98%)、"成为最好的"(58%)和"绝不哭泣"(37%)。[22] 根据这项调查,法国的年轻男性对这些特质最为敏感,甚至比他们的长辈或同龄女性还要敏感。不过,就算不是所有男人都认同这些说法,全体男性还是被要求要遵守它。

即使在今天,我们依然以"霸权男性气质"作为衡量标准来教导男孩。所谓"霸权男性气质"特指一种居高临下的雄性气质。为了忠于男子气概的刻板印象，其标准包含了一系列必要事项：警惕所有女性化的东西，保住面子，表现得强大和有侵略性，成为最优秀的，为了同辈团体的利益而压抑个性等。从很小的时候起，男孩们就总结出了铁律：千万不能让别人觉得自己软弱和窝囊。为此，他们不惜给自己套上一层伪装。**由于受到男子气概规则的轰炸，许多男孩为自己锻造了一层铁甲，并学会了把自己的深层感受隐藏在铁甲之下。**电视剧《亲爱的白种人》中英俊高大的特洛伊也不能幸免。在玩电子游戏时，他向自己文弱的室友解释道："你知道吗？我们鼓励异性恋男性永不表达任何情绪。我们设法压制内心的一切，只为了能在竞技运动中将它发泄出来，脱颖而出。"

2014年，美国非营利组织"代表计划"在纪录片《面具之内》[23]中打破了这层铁甲，剖析了美国青年男性与传统的男性气质间的联系。这部屡获殊荣的纪录片阐明了男子气概的规则是如何影响对男孩的教育和男孩自身发展的。"校霸"、优等生、受欢迎的校园领袖纷纷面对镜头，道出了如今作为一个男性的感受：要想被同龄人接受，就必须忍受欺凌；就算遭遇困境也要表现得坚强且无敌；压抑情绪，情绪在任何情况下都不应该有所外露，当然，具有攻击性的情绪除外；冒着危险，有时甚至是违心地去做事，只是为了证明自己"有勇气"；用自吹自擂掩饰自信的缺失；无法吐露自己的精神状况，也不能表现出自己很孤独，否则就会被认为是脆弱的人。**在他们胜利的外衣之下，是由男子气概引发的真正的痛苦。**"我们在美国所确立的这种男子汉的概念，并不能让男孩在其中获得安全感，他们必须不断证明自己拥有男子气概。"美国社会学家、男性气质研究领域杰出的专家迈克尔·基梅尔在该纪录片中分析。这个问题并不是美国所独有的，它会出现在任何将理想的男子气概形象设定为男性绝对模板的地方。

在英国，它甚至已经上升为一个公共健康问题。正因如此，在2017年秋天，油管（Youtube）上出现了一个名为《男孩们不会谈论的事》[24]（*Things Guys Don't Talk About*）的视频广告。在一分半的时间里，我们首先看到的是一个普通少年在冰箱前狼吞虎咽，在镜子前秀出胸肌，幻想着性感女郎。随后出现的画面却展现了表象的反面：他充满怀疑、不安，甚至想自杀。这是个无言的视频，作为结语的文字是："你不是唯一一个有这些感受的人。谈论它很困难，但不妨和我们聊聊。"这段由英国儿童热线协会（ChildLine，是面向青少年的倾听热线）制作的视频并不是第一个尝试邀请男孩们展示自己脆弱一面的视频。2016年，澳大利亚的"十一胡子月"（Movember）基金会推出了"做个男子汉"运动（Man Up Campaign）的宣传视频，号召关注男性气质和男性心理健康。这个视频以流泪的男人为主题[25]，旨在呼吁男人们表达自己的情感："表达痛苦需要勇气和胆量。做个男子汉,说出来吧!"

不过,这些协会并不是以平等或反性别歧视的名义在这一领域开展运动的,他们试图让男人谈论他们的精神状态是为了预防其自杀。这么说是有充分理由的:目前,在英国,自杀是34岁以下男性死亡的首要原因;对澳大利亚15—44岁的男性来说,情况也一样。在法国也有相同的趋势,自杀导致的死亡人数超过了交通事故导致的死亡人数。平均每天就有二十五人结束自己的生命,其中75%是男性。[26]虽然诱因是多方面的,但由男性与其男性气质间的关联引发的冲动行为却并不罕见。

近年来,一些研究让这个问题终于得以曝光[27]:对男性来说,因为男子气概的要求几乎不可企及,且它将恐惧和脆弱污名化,使得男性放大了羞耻感,否认自己患有抑郁和其他精神疾病。相比承认自己需要帮助,许多男人(和男孩)宁愿让自己陷入沉默、对某些事物成瘾或转向暴力(包括针对自己的暴力)。请记住:在关于男子气概的假想中,做死人比当弱者强。这就是站在支配者一方所要付出的代价。如果说男子气概给男性提供了一堆社会与经济的优势和特权,那么拥有男子气概也是要付出代价的。

有毒的男性气质的代价

近十多年来,教育科学博士、副教授西尔维·艾拉尔（Sylvie Ayral）一直在研究男孩被传授男子气概的方式。她做过小学老师，如今是法国吉伦特省一所高中的教师，对校内处分的问题尤其感兴趣。艾拉尔的研究前所未有地细致入微，还催生出了两部令人赞不绝口的著作，《男孩工厂：中学里的性别与处分》（*La Fabrique des garçons. Sanctions et genre au collège*，2011）和《终结男孩工厂》（*En finir avec la fabrique des garçons*，2014）。这两本书直白地向我们展示了**在社会的鼓励下，对"小男子汉"进行的男子气概教育是如何摧残人的**。

首先是在学校层面。为了进行研究，西尔维·艾拉尔选择了她所在地区的五所中学，这些学校具有截然不同的社会文化特征。在仔细查阅了学校的处分记录后，她惊讶地发现：平均而言，80%受过处分的学生和91%因暴力侵害他人而被惩罚的学生都是男孩。她在电话中告诉我："男孩们是最容易引起纪律问题的人，而且这其中的很多孩子还辍学了。"还是要强调一下：这种情况的发生并非偶然，也与男孩们被假定的天性无关，而是与男性气质的构建直接相关。

被勒令要表现出强硬、好胜和有支配力的同时，男孩们还夹杂在两条相互矛盾的规则之间。一方面，我们要求他们听话、冷静和用功；另一方面，如果他们表现得像好学生，他们就会被同龄人列入黑名单。"当你还是个男孩的时候，你不能屈服，你得坚强，要顶得住一切。否则，就有失去社会地位、被逐出男子汉队伍的风险。

你会被归入'娘炮''书呆子'和'跟屁虫'的行列。对他们来说，这真是一种侮辱。"西尔维·艾拉尔如此描述道。

由于害怕被嘲笑甚至被骚扰，男学生们采取了不同的策略。有些人能毫不费力地融入这种男子气概的模式并引以为傲，剩下的人则会试图与那些像他们一样不符合传统男人味的男孩们（如"怪咖"）交朋友。但最终，很多人都会做出转变，塑造出一个虚张声势，甚至鲁莽任性的"假我"。而惩罚并不能让他们停下来。

西尔维·艾拉尔采访了这些所谓又懒又笨，还经常出入高级教育顾问（CPE）办公室和纪律委员会的学生（其中90%以上是男孩）。她发现，给予他们处分往往适得其反，因为那些处分看起来像是对男子气概的表彰，惩罚反而强化了教师们希望制止的那些行为。"很明显，受到惩罚的学生把惩罚机构工具化了。"她解释说，"在绝大多数情况下，他们清楚地知道自己在做什么。他们自己也说，这样做可以让他们事后获得很大的好处，可以建立名声、彰显男性气质以及声明异性恋身份。"

为了证明自己不"娘"，他们会挑战老师的权威，捅娄子，互相看不顺眼就打架；会贬低女孩；初中一毕业，他们就会不戴头盔去飙车、灌酒、抽烟。如果需要，他们还能徒手爬高墙。在男子气概的攀比中，违规和暴力仍然是两大主要的驱动力。

这种攀比并不会随着青少年时代的结束而终止。在他们的一生中，这种对男性化的迫切需求会持续构建其男性气质。西尔维·艾拉尔总结说，只要看看数字就能明白，"绝大多数情况下，社会暴力就等同于男性"。如今，在法国，男孩/男人代表了：

· 在"街头死亡"[28] 的人数中占比 75%；
· 在因骑行（摩托车、自行车等）事故致死的人数中占比 92%；[29]
· 在因酒驾、醉驾造成致命车祸的司机中占比 92%；[30]
· 在关押罪犯中占比 96.1%；[31]
· 在因实施家庭暴力被定罪的总人数中占比 97%；[32]
· 在服用毒品过量致死总人数中占比 80%；[33]
· 在辍学人数中占比 59%。[34]

有必要面对现实了：有毒的男性气质的代价非常高昂。首先，这对成年男性来说就代价不菲，尤其是那些以男子气概的刻板印象为标尺成长起来，却又从未成功实现过这一遥不可及的理想的男性。青少年们也一样要付出代价，那些来自平民阶层的男孩则更是如此，他们总是在辍学大军里打头阵，但与来自上层社会的同龄人不同，他们无法依靠学习或家族关系重回正轨。

不过，西尔维·艾拉尔提醒我们："的确有男人为此付出了高昂的代价，但不要忘了，这些代价首先是由别人付出的。"家庭暴力、强奸、街头犯罪……这种有毒的男性气质的连带受害者有很多。更不要说与此同时，我们的社会还在花费大量金钱和精力来关照男人和他们的男子气概情结。如今，纪律委员会、为消除辍学现象而特别设立的班级、教育中心，还有体育基础设施和社区中心，所有这些本应该引导和汇集年轻人的场所，几乎都完全被男孩占满了。"如此一来，也就意味着有大量的时间和金钱都被花在了有毒的男性气质上了。"西尔维·艾拉尔谴责道。

这一切都是因为我们坚定地以神圣而不可侵犯的男子气概作为衡量标准来教育男孩。

让男孩与情绪重新连接

好在我们能够终结这种有毒的男性气质。为此，我们必须在它施展着霸权的情感阵地发起战斗。这个阵地里包含了我们要求男孩从孩提时代就开始受到压制的那些情绪——我们已熟知压抑那些情绪造成的后果。

在开始之前，先允许男孩哭泣吧。看起来这只是个小细节，但事实上，哭泣才是基础！"哭是有必要的，它有益于我们的健康，能舒缓我们的情绪。从允许哭泣开始，我们才能进一步帮助儿童和青少年用语言表达他们的痛苦。"[35] 吉勒·拉齐米（Gilles Lazimi）博士强调道。他是一位全科医生，还是法国性别平等高级委员会的成员。"擦干眼泪。""别哭了。""来吧，没什么大不了的。"……我们要杜绝说出这些男孩经常会听到的小短句，与其制止他哭泣，不如安慰安慰他。而且，这样做并不会让他变得"懦弱"，反而会赋予他情感上的力量。

我们要鼓励男孩表达自己的情绪。如何才能做到这一点呢？精神病学家塞尔日·赫菲兹的回答是："想想我们对待女孩时自然而然的行为，对待男孩也要一样。也就是说，我们要带着同理心去理解他们的感受。"[36]"你是不是因为对朋友发了脾气而感到难过？""你是因为被训斥了而感到生气吗？""马上就要见到你的朋友了，你开心吗？"我们用语言表达得越多，孩子就越有分享感受的能力。

我们要教男孩认识自己的种种感受。可以告诉孩子他（或我们）会经历的情绪的名称。如果有必要，也可以参考一些以情绪为主题的书籍或游戏，让孩子了解什么是愤怒、悲伤、喜悦、恐惧……"通常，我们不会深入探讨男生的情绪，生怕会因此让他们变得太情绪化。其结果却导致了他们对此缺乏认知，不懂得如何辨别自己的感受。"塞尔日·赫菲兹说。他进一步指出，如果他们的情绪乱作一团，那么能够表达出来的就只有痛苦、愤怒或冲动了。

我们要告诉男孩不要畏惧自己的情绪，经历不同的，甚至有时是不愉快的情绪是很正常的事情，不必担心和慌张。"比如说，他们不应该仅仅因为被某种攻击性情绪所支配，就憎恨自己，甚至为自己感到羞耻。重要的是要让他们察觉到这一点，并在之后试着将其转变为更具建设性的东西。"塞尔日·赫菲兹继续说道。是的，要让孩子们知道，暴躁、愤怒和焦虑都是游戏的一部分，不必为此感到羞愧。

我们还要帮助男孩建立起自信。在调研过程中，社会学家西尔维·艾拉尔发现，对男子气概的强硬要求抵抗最强烈、也因此付出最多代价的那些男孩，都拥有"非常强大的情感和心理根基"。我采访过的许多专业人士都告诉了我同样的事：那些受到尊重、获得支持且能够活出自我（而不是做我们希望他成为的人）的男孩，在成长过程中都不太容易掉入有毒的男性气质陷阱。

培养同理心，拒绝支配欲

旧的男性模式要求男性拒绝一切形式的感受，导致男孩们牺牲了情商并加速了其支配欲的形成。必须承认，这可能不是构建平等和谐世界的最佳基础。

与这种性别歧视的教育相反，**我们需要从根本逻辑和观念上做出改变。**我们想把什么样的价值观传递给我们的孩子？我们所认为的最优者，是拳头最有力的人，还是向别人伸出了援手的人？我们是否认为关心他人是一种纯粹的女性品质，还是一种人人都能在其中获益的品质？在这个超级竞争肆虐的世界里，关注、照顾他人，有同理心和乐于分享，都是值得所有人重视的价值观，并不仅对女孩来说是这样。

我们要培养男孩们的同理心。"即使在今天,我们教育男孩和女孩的方式也非常不同,这种教育方式造就了男孩不那么善解人意并更好斗,女孩则更被动和富有同情心。然而,这种情况也将滋生暴力,强势的一方会夺取另一方的权利。"吉勒·拉齐米博士如此解释说。[37] 他支持了妇女基金会于 2018 年春季发起的宣传活动"# 我的儿子会成为一个男人"(#TuSerasUnHommeMonFils)。

在吉勒·拉齐米看来,如果希望男孩能够向他人敞开心扉,懂得尊重他人,我们就必须先**通过抵制暴力教育来为他们树立榜样**。"小男孩的成长很不易。我们更有可能对他们动粗。我们期望他们更好斗,甚至期望他们对自己的遭遇做出暴力的回应。"他对此有所洞察。

这位专业人士长期致力于消除针对妇女和儿童的暴力行为,他一直强调"**不打孩子**"和"**不羞辱孩子**"的**必要性**。但拉齐米也承认:"父母不会为此感到愧疚。我自己就是一个父亲,我知道抚养一个孩子有多难。不知不觉中,我们就会认同这种行为,重现自己小时候的经历。"然而,他也在提醒我们注意日常的教育暴力所造成的伤害。这里所说的暴力不只是拳打脚踢,还有恶毒的话语。他说:"当我们对一个孩子大喊大叫,并不断重复'你这个废物,你只会做蠢事'时,我们不会意识到,这是非常暴力的行为。"

习得同理心,就像习得暴力一样,都发生于生命早期阶段,它会决定男孩构建自己与他人之间关系的方式,尤其是与女孩的关系。"我们知道,没有遭受过日常暴力的孩子确实会比其他孩子更有同情心。他们会更加关注他人,会对暴行感到震惊,并更容易做出干预以帮助受害者。"所以,与其教我们的孩子变得坚强和冷酷,不如帮助他们建立起真正的情感纽带。

美国心理学家劳伦斯·科恩(Lawrence Cohen)在他的著作《游戏力》[38]中就指出,被困在男子气概束身衣里的男孩们不仅与他人隔绝,也与自己隔绝,一旦成年,他们就会发现,如果不以暴力、竞争或征服的关系为前提,很难与他人建立联系。与其让男孩们被这些有害的刻板印象所吞噬,不如**邀请他们参与一些能促进表达、交流和协作的趣味活动**。"同情心、情商和仁爱,都是从亲密关系中学习来的,而不是来自书本或是道德说教,"他在书里写道,"它们也能从游戏中习得。"

在创意游戏中(与绘画、戏剧、音乐相关的游戏),我们要鼓励孩子们交流;在多人游戏中(人数非常多的游戏),要注重其互助合作精神的培养;在嬉闹游戏中,则可以允许他们有肢体上的接触。最要紧的是,**要教会男孩们在竞争力和吸引力之外与他人以及自己建立联结**。如此,才能更好地培养男孩们的同理心,而不是支配欲。我们要给男孩们提供做自己的可能性,而不是强迫他们遵照一成不变、极其僵化的男子气概模式成长。

终结男子气概的规则

让我们停止用男子气概的规则轰炸男孩。那些规则促使我们鼓励一个小男孩"像个男子汉一样"去战斗,但是一旦他流泪,我们又会(多少有点儿温柔地)责备他的这种行为。当然,我们斥责他时并没有什么恶意,我们甚至没有意识到这样的责备会深深地影响孩子。这些言论引导他必须不惜一切代价适应男子气概模式,因为这是他作为男孩以及未来作为男人受到尊重的唯一途径。

请允许他们远离这种神圣不可侵犯的男子气概模式。让我们记住,这种模式并没有写在男性的基因中,而是社会构建和对男孩们长期洗脑的结果。为了帮助他们摆脱这种反常的局面,我们要让他们知道,按照目前的标准,有上千种活出男人味的方式。即便某人不那么阳刚,他依然可以做一个"真正的"男人(且是异性恋男人)。你可以是个超级迷人的型男,可以喜欢鲜花,讨厌战斗。总之,就是要向男孩们展示做男人的正确方式不止一种,有多少个人就有多少种男性气质的表现方式。

摆脱男子气概的束缚不仅是在重新思考男性和女性之间的关系,还能让男孩自由地做自己,充分成长。

4.
重塑男性气质！

被"凝视"的男性气质

经历了漫长的过程，变化终于开始发生。**当下，男性气质比以往任何时候都更受关注。**关于男性气质的议题在公共辩论中越来越常见，讨论度越来越高；从无人问津到随处都能看到，再到被推上媒体头条。2017年秋，法国诞生了两档专门针对该议题的播客节目，这两档节目可以被看作划时代的标志。9月，记者维克图瓦·蒂阿永（Victoire Tuaillon）推出了（超级）播客《桌上的球》（Les couilles sur la table），每隔一星期的星期四，她都会巧妙地提出一些与（去）男性气质相关的问题。两个月后，"小姐"（MadmoiZelle）网站推出播客《男孩俱乐部》（The Boys Club）并发问："作为一个男人意味着什么？"大约在同一时间，哲学家奥利维娅·加扎莱出版了《男子气概的神话》[39]一书，这本书引起了巨大的反响。从那时起，几乎每个月都有以男性气质为主题的讲座、书籍或广播节目出现，男性气质被前所未有地质疑、诊断和剖析。

虽然到目前为止，看似只有学者们对这个问题充满热情。但实际上，学术界的研究者们已经关注这个问题很久了。这种对男性气质（日益增长）的兴趣是在女性研究（Women's Studies）诞生之后出现的。"女性研究"是一个专门关注女性和女性主义的跨学科研究领域，于1970年代出现在美国，如今在英美数百所大学中都设有此课程。虽然女性研究已经取得了许多成果，对女性和女性气质的社会文化问题的研究也有所扩充，但关于男性的研究依然相对较少——既然"第一性"代表了常态，为什么还要质疑它？长期以来，关于男性的研究都远离社会科学界的研究范围。但是，随着对一直以来施加在女性身上的统治机制的研究越来越深入，其研究方向也发生了巨大的转变，即转向了男性的那一边。

因此，在1980年代，（极少数的）一些研究员开始研究男性气质及其历史。[40] 此后，虽然他们一直处于性别研究领域的边缘地带，**但现在男性研究的工作正在蓬勃发展**。这一飞跃式的发展在很大程度上要归功于澳大利亚社会学家雷温·康奈尔（Raewyn Connell，就是她提出了"霸权男性气质"的概念）和她的美国同行迈克尔·基梅尔。迈克尔·基梅尔是一位备受尊敬的权威学者，同时也是公开的男性女性主义者，四十多年来他一直在抽丝剥茧地研究与男性气质相关的重要问题。基梅尔是畅销书《愤怒的白人男性》[41] 的作者，他于2013年在纽约石溪大学(即纽约州立大学石溪分校)创办了第一个男性和男性气质研究中心,并开设了第一个男性气质研究硕士学位,该硕士学位已在 2019 学年启动教学。

男性气质走出了曾经局限它的学术界,已经成为一个真正的社会议题。渐渐地,男性(和女性)开始对这个直到不久前似乎都还不可动摇的男性气质模式提出质疑。更棒的是,有些人已经在努力重塑它,为男性一词融合更多的可能。

男人向男人解释生活

塞德里克·勒梅雷尔(Cédric Le Merrer)是一位支持女性主义的男性,同时也是一个小男孩的父亲,他于 2017 年 3 月创办了"男性解释者"[42](Le Mecxpliqueur),"一个由男人向男人解释生活的博客"。他决定用自己幽默的漫画和真诚的文字,**向男人发起质问,探讨他们与男性气质的关系**。"在女性那边,人们已经做了很多工作去解构'作为女性'的含义。而在男性这边,我感觉我们依然在坚守唯一的定义。'真正的男人'一直存在,我们也知道什么是'真正的男人',但在今天,很少有人敢说'真正的女人'是什么。关于男性气质,我们还远没有完成该做的工作。"[43]这位三十多岁、一头粉红色头发的男人说道。

促使他开始这个项目的原因,正是他从来没有真正在男性刻板印象中辨认出自己。直到现在，他仍在悲叹媒体或流行文化中展示的男性气质只能用单一的模式来概括：壮汉、帅小伙和潇洒的花花公子。因此，他在博客里努力**拆解这种男子气概的原型**，其中不乏幽默和自嘲。"男性气质是一种脆弱的东西。对着另一个男性摆了个不恰当的姿态，穿错衣服的颜色，笑声太尖……这些荒谬的小细节都有可能让别人或自己起疑心。"他在博客介绍中如此写道。

他在博客中指出了这种狭隘的男性观是如何释放"毒性"的：它让男人仅仅为了证明自己有种，就对他人和自己做出有问题的行为，并在厌女和"恐同"的路上越走越远。"'如果你的朋友都从悬崖上跳下去，你也跟着跳吗？'妈妈们会这么问。她们不懂的是，为了证明自己是一个真正的男人，有时必须跳下悬崖，或者更甚——把别人也推下去。"塞德里克·勒梅雷尔以一种非常有说服力的方式说明了这一点。

男性童贞、调情、性同意、"好人综合征"……"男性解释者"以一种有趣且有教育意义的方式打破陈词滥调，但最重要的是，它邀请男性思考自己与他人相处的方式，尤其是与女性相处的方式。塞德里克·勒梅雷尔之所以这么做，是希望能**让男性更多地参与到反对性别歧视和追求平等的进程中**。随便提一句，他的博客名借用了女性主义研究提出的男性说教[44]概念，这个词特指男性倾向于以一种居高临下的方式对女性进行说教，向女性解释那些她们比自己更了解的问题。但这个博客除外。终于有一次，是人们开始向男人们解释一些事情了。

解释什么呢？比如，解释成为一个男人可以有很多种方法，解释**男性气质可以是多样态的**。"我们以为很多所谓的男性化的东西是天然的，但其实那完全是由社会建构的。对我来说，要解释的主要是这些男子气概的规则会导致对女性的暴力行为。这些规则也会给男人带来痛苦，而他们其实不必去遵守这些规则。"塞德里克·勒梅雷尔在电话中继续说道。这是一个庞大而令人兴奋的计划。所以你们应该知道自己还可以做什么了：鼓励男士们，无论老少，去这个公益博客上转一圈吧！

一个解构男性气质的实验室

与塞德里克·勒梅雷尔站在一起的还有艺术家德德卡帕（D'de Kabal，他同时也是作家、说唱歌手、斗诗诗人和导演）。德德卡帕同样忙于揭穿这种有毒的男性气质，但与"男性解释者"不同的是，他选择从男性内部出发。2016年，已经四十多岁的他创办了"通过艺术和感性解构重新定义男性的实验室"。在这个吊人胃口的名称背后，是一个令人深思的工作坊。这个工作坊邀请男性"质疑生产男性的模式"，讨论他们的个人经历。毫无疑问，当我听到这件事时，只有一个愿望：我想了解更多！

这确实是一场冒险，起点是他生活和工作了很多年的博比尼（塞纳-圣但尼省）。最初，只有少数人愿意加入这场冒险。但两年过去了，项目还在继续。工作坊开到了维尔塔纳斯（塞纳-圣但尼省）、库鲁（法属圭亚那）和法兰西堡（马提尼克岛），吸引了大约四十名年龄在十九岁至七十岁之间的参与者。这些男性都对男子气概、男人味持有疑问，但一直没有找到适合谈论的场所。当我们在露天咖啡馆交谈时，德德卡帕告诉我："在维尔塔纳斯，有一个十九岁的青年和一位七十岁的老先生进行了交谈，他们能够完全理解彼此。在博比尼，阿尔及利亚人、安的列斯人、来自法语区的人和来自东欧的法国人……都谈论着同样的事情，场面非常感人。"

无论年轻或年老，单身或已婚，他们都渴望着另一种男性气质：多一些感性，少一些暴力。"我们对成为一个真正的男人不感兴趣，因为真正的男人意味着必须去回应一个不平等制度的期望。"德德卡帕在电影《我们沉默的噪音》(*Le Bruit de nos silences*) 中说道。这部电影由他与记者兼女性主义活动家埃洛伊斯·布顿（Éloïse Bouton）合作完成，讲述了他的"实验室"在马提尼克岛的经历。在参加工作坊的过程中，每个人都努力去**解构"男性主导"**下的反应和行为，重新参数化了他们所谓的"男性云"——一个被设置为默认格式化所有设备的软件。"这是胜利者的事，意味着你必须赢，必须碾压对方，必须挺起胸膛，必须大声说话，必须得到公认。而这一切都是我们想要摆脱的东西。"艺术家说道。

显然，他的工作坊已经使一些事情发生了改变。身体的姿势，渴望，欲望，性同意，与他人的关系……实验室深刻地改变着这些男人与自己的关系。"我从来没有这么觉得我就是我自己。"德德卡帕说。**这种内省的经历也改变了他们看待世界的方式。**"它强化了我们对统治模式的感知。两年前我们不会注意到的事情，在今天看来却是无法忍受的，一张广告海报，报纸上的报道……这种方式能帮助我们更好地理解男性统治的问题。"德德卡帕解释道。2017年10月韦恩斯坦事件爆发时，他和博比尼的伙伴们感到非常高兴。"不是为我们自己高兴，而是为正在改变的世界感到高兴。"这位有两个女儿和两个儿子的父亲强调说。

这不是德德卡帕第一次对性别问题表现出兴趣。2015年,他通过自编自演的舞台剧《雌雄同体/隐形机器》(*L'Homme-femme/Les mécanismes invisibles*) 揭露了男性统治的运作方式，并审视自身的女性气质。实验室就是这一逻辑的延续。德德卡帕同时也承认："**如果对男性的解构落入了错误的人手里，可能会是一场灾难。**"他指的就是男性主义者，这一男性群体同样也关心着男性状况。不同之处在于，他们讨厌女性主义者（甚至根本就是讨厌女性），对男性的去男性化感到遗憾，并呼吁男性夺回一种他们认为已经失去的力量。而这显然不是德德卡帕的菜，他的创作正是他支持女性主义的方法的一部分，同时他还力图解构男性统治机制。

德德卡帕坚信，如果要改变男女关系，消除这种伤害女性以及男性的有毒的男性气质，男人就必须进行革命——一场内部的、无声的革命。

第四部分

从情感教育和性教育出发

有一天，我带着"小不点儿"一起乘坐公交车，一个女人走过来和我们搭讪："瞧啊，这孩子多招人爱啊！以后肯定要伤不少姑娘的心！"她笑呵呵地这么说着，满脸都写着"你懂的"。但无论她的态度多么友好，我也只能勉强回应她一个尴尬的微笑。而且实话说，我还感到有些恼火。这个女人不是第一个、更不会是最后一个以这种方式拿我儿子的"吸引潜力"开玩笑的人。每次都差不多是这一套：就因为有着漂亮的蓝眼睛和顽皮的笑容，我儿子就注定要成为唐·璜[1]。虽然这可以理解为是对我们的一种恭维——作为父母，我们应该为此感到骄傲。但我看到的是，"小不点儿"都还没有吹灭他的第一支生日蜡烛，就已经听到别人告诉他，他将来要"把女孩迷倒"或必须"把女孩迷倒"。而且从某种意义上说，这是他的任务。

---

[1] 西班牙家喻户晓的一个传说中的人物，以英俊潇洒和风流著称，多作为"情圣"的代名词使用。

这也是童话故事和大多数儿童读物会告诉他的事[1]，勇敢的白马王子总能征服甜美脆弱的公主。等他再长大几岁，动画片、真人秀节目将紧紧跟来。从"睡美人"到"钻石求千金"，他将学到的男孩的任务就是"撩妹"：当女人被男人选中时，她的生活将被赋予终极意义。也就是说，为了达到这些目的，男人必须变得"聪明"。当年轻的女士说"不"时，他该更加用力地握住她的手，因为她的内心深处在说"我愿意"。（毕竟，贝拉最终爱上了监禁她的人，而睡美人爱上了侵犯她的人，不是吗？[2]）

有次在公园散步时，我看到一群正在玩耍的孩子。观察了一会儿，我发现他们在玩一种很常见的游戏：对男孩来说，这个游戏的重点在于拉女孩的裙子（如果拉不了裙子，就拉 T 恤）。与此同时，女孩们不得不逃跑躲藏以远离男孩。我不知道她们究竟是在嬉闹还是在遭罪，而周围的几个成年人则冷漠地注视着这一切。对这些大人来说，这显然是个无关紧要的问题……

我不禁想到，这个游乐场完美预示了这些孩子成年后的亲密生活。这里像是某种斗兽场，女孩注定要成为猎物（视情况而定，也可能是狩猎战利品），男孩则是狩猎者。这是一个我们期待女孩被动、男孩主动的世界。在这个世界里，情感被认为是女性化的，性则是男性化的。在这个世界里，性同意的概念与量子物理学定律一样鲜为人知。在这个世界里，性别歧视、骚扰和暴力依然是男女关系的主要特征。

这个世界，我们很清楚，正是我们所在的世界。如果我们不花点儿时间思考一下孩子们的情感、恋爱和性教育，这个世界就不会改变。

1.
男孩该如何学习去爱？

"给他俩定下娃娃亲"

人们总是热衷于身边孩童的"爱情生活"，不论这些"爱情生活"是真实发生的还是被假想出来的。这种现象令我感到费解。诚然，对这些大人来说，爱情是生活的一部分：从孩子读幼儿园起，有时甚至是在早教阶段的后期，一对对"小情侣"就"出现"了。许多三五岁的孩子，自己还是个小小孩呢，就已经有"恋人"了。在成年人多少还算温柔的注视下，男孩女孩们会和"恋人"一起玩耍，他们会牵手，会拥抱。大人们则会觉得孩子们这样做很可爱——当然，前提是这些爱的初学者没有更进一步的行为！

这正是我们从小就鼓励孩子们做的事。当聊到爱和吸引力时，**我们是最先把孩子的行为投射到成人世界的人**。比如，面对十个月大的莱昂和一岁大的露娜，我们会开玩笑似的谈起他们未来的婚礼："你看到那两个小家伙有多可爱了吗？二十年后，让他们结婚吧。"再比如，当朋友的孩子和我们的孩子一起玩过家家时，我们会调侃朋友："看好你女儿，不然我儿子就要把她带走了！"又或是，我们会取笑两岁的萨沙，说他在托儿所"调戏"老师。并且，每当聊到这些，我们通常都会借助做作的眨眼和会心的笑容来暗示——这不过就是个玩笑。

但问题是，所有像这样被抛出的言语，就算打着幽默的幌子，也远没有看起来那么无害，因为**我们已经通过这样的话语把成年人的行为安置在了十八或二十四个月大的孩子身上（有时更小）**。不！这个婴儿并不是在朝保姆"抛媚眼"，那个十八个月大的小女孩也不是在"找未来的老公"。两岁的阿卜杜勒和洛拉更不是在"谈恋爱"，他们只是单纯地喜欢一起玩。

所以，事实就是，即便在开这样的小玩笑时并无恶意，但只要三番五次地说出这种言论，**我们就是在系统地将孩子之间的关系浪漫化**。或者更确切一点儿，我们浪漫化了女孩和男孩之间的关系。也就是说，**我们把两性之间的吸引力放置在了它本不存在的地方，并提炼出女孩和男孩之间的关系必然是恋爱关系的想法**。

当我们问小朱莉她是否有意吸引别人注意时，不仅不会引人发笑，还要面对她父母的黑脸。（你什么意思，你是在说我女儿水性杨花吗？）是的，因为这些俏皮话都不仅仅是用来让人发笑的，（不然为什么这类笑话的内容已经很久没有被更新了？）**在幽默的外表下，这些话语证**

实并强化了性别刻板印象的存在。

这些广泛存在于各种儿童文学、动画片和流行文化中的语句和陈词滥调,都是社会施给孩子的禁令。**乍一看,它们无关紧要,实际上却已清楚地向孩子们指明了他们要遵循的道路**。在这条道路上,每个人都应该根据性别扮演各自的角色。所以,女孩们就是等待被征服的公主。男孩们则是天生的征服者,被期待着不断增加自己的战利品。(不言而喻,这个战利品是指女性。)

爱情也属于男孩

与此同时,我们向孩子们传递着另一个信息:**爱是女孩的事。这也意味着,爱不适合男孩**。法国国家健康与医学研究院的社会学博士凯文·迪特(Kevin Diter)洞察到了这一点,他正在撰写一篇关于"6—11岁儿童爱和友谊表征的构建和内化"的论文。一年里,这位研究者每周会花两到三天的时间驻留于巴黎的一所小学和一个课外活动中心[1]。课堂里、操场上,即便是在节假日和学校旅行中,他都在开展人种学调查。这种研究方法让

---

[1] 法国的未成年人集体接待场所之一,属于一种法定的课外时间托管形式,由非营利的协会、市政府、企业监督管理委员会或企业,甚至个人向国家申请并创建。中心的本质是教育,是家庭和学校之外的教育空间里对儿童教育的补充,尤其承载着公民道德、合作精神和集体生活能力的教育。

他能够更加透彻地分析小男孩学习爱的方式。

在此期间,他最先了解到的是:**恋爱关系(和友谊)确实是通过社会学习结出的硕果,而对女孩和男孩来说,学习到的内容是不同的。**孩子们很早就明白,在我们的社会中,爱与女性是密不可分的。孩子们每天都会通过玩具、衣服、书籍等对周遭进行观察,等他们年纪更大一些时,还会通过电视剧去学习。在女孩的世界里,情感是无处不在的——只要看看装饰在女孩们的T恤和手镯上的那些"爱""吻"和其他心形纹样就知道了。男孩的世界显然不是这样的,在男孩的世界里,很少提到感情,尤其是爱情。

除此之外,孩子们还会被同学明示或暗示要遵守规范。对此,凯文·迪特观察到的是:从小学开始,对于那些冒险进入"女性"领域的小男孩们,无论是女孩还是男孩都会自然而然地想要让他们"归位"。只要他们中的某个人太过严肃地谈论爱情,或是把情人节的仪式放在心上,他就会受到批评、嘲笑甚至侮辱。小学的男生们心里都有谱。"他们这个年龄不该有爱的感觉。只有女生,或者年纪更小或更大一些的男生才能谈论爱。他们充分认识到,对'爱'过分感兴趣有可能会损害自己的声誉,进而损害他们作为男孩对自身的定义。这就是为何他们对爱敬而远之。"凯文·迪特在播客节目"桌子上的蛋"[3]中进一步解释道。

说到底,道理都一样:**爱的感觉是女性的一部分,所**

以女孩可以毫无顾忌地投入爱情；但对男孩来说，违反性别规范并不会给他们带来任何好处，反之，他们可能会因此而名誉扫地，甚至失去支配者一方的位置，还可能会被戏称为"蓝花"[1]"娘娘腔""基佬"……这确实没什么吸引力！更何况**成年人不但没有要制止的意思，还强化了这种"性别划分"的感受**。凯文·迪特在他的作品中强调："老师和儿童活动的组织者（无论男女）在爱的'性别化'和男性气质的构建中发挥着重要作用。"[4] 通过调查，他发现这些专业人士都默认了这一规则：当那些被认为过于感性的男孩被取笑和侮辱时，他们并不会去训斥或惩罚那些取笑和侮辱这些男孩的人。此外，成年人在对待女孩和男孩时采取了不同的态度。面对前者，他们会主动分享爱情故事，向她们提问，并大谈特谈爱的感觉有多重要。而对于后者，他们则提不起什么兴趣，很少过问，甚至会把和男孩聊的关于爱情的三言两语变为取笑男孩的素材！

为了避免一个接一个的嘲笑，许多小男孩选择扮演硬汉，绝不允许自己陷入感性的世界中！在谈论爱情时，他们会表现出明显的冷漠，甚至是彻头彻尾的厌恶。就这样，在未来的某一天，我们会发现自己对面的男孩一直在重复表达"爱情是垃圾"，或者说着"爱情没啥意思，女孩才想这个呢"。

---

[1] 原文为"fleur bleue"，直译为"蓝花"，在语境中常指"多愁善感的，浪漫的"。

凯文·迪特的著作还告诉了我们另一件重要的事：虽然绝大多数的男孩没有勇气表现出对爱情的兴趣，但也**不是所有男孩都将其视为一种威胁**。在这片充斥着性别规范的汪洋大海中，依然存在着少数顽固的感性主义者。

凯文·迪特采访过一个叫于连的八岁小男孩。于连有自己爱的人，而且还很愿意和别人聊聊他们的故事。面对不可避免的来自小伙伴们的嘲讽，他学会了如何在公共场合更加谨慎。同时，他也表示不会忽略自己内心的感受！

凯文·迪特说：**这种态度在来自较高社会阶层的男孩中更为常见，尤其是在母亲具有较高社会地位的家庭中**。这是为什么呢？原因在于，这些家庭更有可能质疑性别刻板印象，也更重视情感的表达。实际上，在这些家庭中，情感教育并不只是母亲的责任。这也向我们传递了两个信息：其一，并不是所有的小男孩都在以同样的方式学习爱；其二，对待爱的态度并不存在什么必然性：爱情也是属于男孩的。

从谈论感受开始

维持爱情只属于女孩的观念，会使对男女关系的刻板印象和性别歧视的观点得以延续。这不仅会助长基于性别的暴力，尤其是伴侣之间的暴力，还会让男孩无法在浪漫关系中充分成长，导致他们更重视别人的想法而不是自己的感受。

如果想要有所改变，那就从与男孩谈论感受开始吧。既要和男孩谈论我们的感受，更要与他谈论他的感受。从幼儿时期开始，就要让男孩定期分享他的心情，表达他的感受，以及说明是谁引起了这种感受。不要觉得这是在谈论一个微妙的话题，只能等夜幕降临后在昏暗的房间中含糊地暗示他。我们完全可以通过简单的方式来实现，比如在开车兜风时、吃点心或分享电影时展开讨论，引发他们提问，并及时给出建议。谈恋爱并不可耻，更别说表现出来了！

这些对话不要只让母亲去谈，**父亲也要参与孩子的情感教育**。凯文·迪特的调查清楚地表明：擅长用语言表达自己感受的男孩，通常都是那些"所接受的情感教育中较少强调性别，且父亲有更多投入"的男孩。换句话说，作为男孩并不意味着注定要轻视（和远离）爱情。当看到他的父亲（或叔叔，或家人朋友）在谈论感情和恋爱关系时，他就能得出这样的看法：爱情与友谊一样，是不存在性别之分的。他会知道男性有权拥有情感，他也可能需要或想要向亲近的人敞开心扉。这些都丝毫不影响他成为一个男人。

我们还要**鼓励男孩与女孩建立友谊**。男孩喜欢和一个（或几个）女孩共度时光，并不意味着他就是唐·璜那样的人，或者是个"娘炮"。女孩们不是要被征服的对象，她们更是可以一起玩闹、争吵和分享的人。多有几个朋友是很棒的事情，这很健康，很正常！

摆脱陈词滥调

让我们反对关于男人、女人和爱情的刻板印象。可以借用儿童文学作品、动画片、电影或我们身边的例子告诉孩子：**不是所有的男人都是"海王"，也不是所有女人活着的唯一目标就是等待迷人的白马王子，并为他养育一堆孩子。**比如《勇敢传说》中的梅莉达公主，她喜欢独立胜过喜欢婚姻；或是《机械心》中的杰克，尽管他的心在出生时就被冻结了，但他还是爱上了一个女孩；或者像家里的马钦叔叔，一直以来他只梦想着一件事：与一生所爱建立一个家庭。让我们尽可能多地向他们解释，在爱情这件事上没有规则一说：有人喜欢与伴侣共度余生，也有人不想走进恋爱关系……这完全取决于个人选择，不论男女都一样。

要教男孩有礼貌而不是献殷勤。女性主义博主乔其纱[5]（Crêpe Georgette）明确指出，在男性非常友好的外表之下，其献殷勤（galanterie）的骑士行为不过是一种性别歧视。她表示，拉鲁斯辞典对该词的解释是"对女性的热切的礼貌"。献殷勤是源于中世纪的宫廷爱情传统，是为了使女性在出行和活动时更加方便，但同时也是一种引诱她们的方式（比如邀请她们用餐）。这在很多层面都是有问题的。

首先，献殷勤的对象只适用于女性，这就已经完全构成一种性别歧视了。其次，献殷勤暗示了女性是脆弱易碎之物，她们无法自己穿上外套或拿起提包。第三，献殷勤的行为背后经常假设了某种"回报"：只要我付了账，这个女孩就欠我的了（通常来说是性的回报）。有很多不错的理由可以让我们结束这种常见的谄媚行为，并选择以礼待人（指所有人）。为别人把门、拎包，在公交车上为他人让座等，这些都是有教养的表现，无关性别，而是与每一个人有关。如果在玩棋盘游戏时，因为对手是女孩，为了保住"女孩的面子"而让棋，就太糟糕了！正相反，我们要向孩子们表明，我们可以热情、礼貌地对待每一个人，而不仅仅是对女孩献殷勤（顺便说一句，女孩们不是童话里的公主，不会因为一个男人对她们展现出善意就觉得亏欠了他）。

所以，不要再把"爱情生活"扣在（非常）年幼的孩子头上了。如果每次只要马克斯和一个女孩玩得开心，我们就暗示这可能是一段恋情的开始，他最终只会认为男孩和女孩间的关系必然是爱情和（或）亲密关系的一部分。不要给男孩施加压力，让他觉得无论如何必须得拥有一个恋人。请让他过上这个年龄的孩子该有的生活：一个四岁的孩子，脑袋里还有很多其他的事情要考虑。

2.
破除对"性"的误读

"物化女性"的幽灵

初恋、初吻、初次的悸动……如果说有一个话题是很多人都回避与孩子谈论的,那就是性。"小不点儿"虽说还只是婴儿,但我已经在为我们必须和他谈论性关系、亲密关系和情欲的那一天做打算了。有一件事我很确定,那就是这个话题会被提前摆上桌面,远早于他可以过性生活的年龄。这是因为,**我们生活在一个过度性化的社会**,赤裸的身体和让人想入非非的内容随处可见。毋庸置疑,我们的孩子不能幸免。

当我还是学生时,曾做过一对小兄妹的"保姆",每天晚上我都会去小学门口接他们放学。我还记得有天我们经过一个张贴了某内衣品牌的巨幅广告的公交车站,画面上一个丰满的、衣着暴露的女人向路人投来慵懒的目光。这时候,想要目不斜视地走过去几乎不可能!在我们交谈时,我发现九岁的亚瑟完全被这张照片钉住了。

这个小男孩什么都不想错过，甚至还想知道更多："为什么她没穿外衣？而且为什么她要摆出这种姿势？"听到他这么问，当时只有二十来岁的我手足无措。我能感到他想继续这个话题，但我选择了回避。因为我既希望能诚实地回答他，又害怕会发表不当言论，还要考虑到让他意识到"物化女性"问题的必要，这些都让我感到纠结。

十多年后，我也总是能回忆起当时的情景——它如此常见却又揭示了我们所面临的挑战。几乎每当我瞥见那些装点着报刊亭门面的杂志封面时，我都会重新思考一遍那个问题。当我无数次看到广告里出现女性身体时，我也会想起那个问题，而这些广告这么设计仅是为了更好地向我们推销瓷砖、沙发或洗发水（也就是说它们特别特别常见）。这一次次的观察都让我更加确认：**在这个过度性化的社会，女性不可抗拒地沦为了物件。**

2017年，法国最高视听委员会仔细审查了超过2000个电视广告：**其中三分之二（67%）的广告中出现了由女性扮演的性感角色，这其中又有超过半数（54%）的女性"部分或全部裸露"**。[6]但这种趋势并非只出现在广告中。2016年以来，汤博乐（Tumblr）上的账号"好莱坞的无头女性"[7]就如其名称所暗示的那样，一直在整理发布各种只展示女性身体（锥形腿、低领口、丰乳肥臀）而没有脸的影视海报。真是富有启发性！从《王牌特工》到《欲望都市》，再到《小黄人大眼萌》和《都铎王朝》，影视世界一直都有将女性碎片化的恶习。此外，请记住，

只有28%的女性有幸扮演过有台词的角色。[8]

我们还可以说说电子游戏的世界。无论是在游戏制作工作室还是在屏幕上，那里的性别歧视现象都更猖獗。2005年，美国的两位研究员[9]研究了游戏中女性形象的主要特征：其中80%的女性形象被塑造成"性感""衣着暴露"或"美丽"。十二年后，另一个科学团队调查了性别歧视与电子游戏之间的关系。"基于对内容的分析能够看出，在获得成功的游戏中，女性要么鲜少出现，要么就是负面人物，再或者就是被拯救的公主或被征服的对象，她们都是配角，且外表被性感化了。"[10]在接受法新社的采访时，洛朗·贝格（Laurent Bègue）如此解释道，他是参与这一调查的研究员之一。这些极端刻板的表现形式会给玩家带来性别歧视的影响吗？研究员们的答案是肯定的。在调查了13000多名十一岁至十九岁的法国年轻人后（这是迄今为止收集的最大样本量），他们指出，电子游戏的影响比电视更甚，"无论性别、年龄、社会经济地位和宗教信仰如何，通常情况下，**电子游戏都与性别歧视密切相关**"。[11]

被各种充满性别歧视意味的图像所包围，**孩子们会通过内化这种"物化女性"的意象来构建自己。**一个失语的女人（甚至没有头！）最终会沦为一具只为取悦男人而存在的躯体。这对女孩和男孩都会产生影响：对女孩来说，尤其影响了她们对身体和吸引力的看法；而对男孩来说，则是让他们更容易认为女性的存在只是为了诱惑男人、提供需求和满足欲望。这样一来，只要有女孩这么做了，她就会被认为是"随便的女孩"，不值得被尊敬。也因此，就算我们的社会文化日趋包容，固有的性别歧视偏见却依旧很难消失。

破除女孩的被污名化

你们或许已经听说过克波特博士（Dr Kpote）：年过四十仍信奉朋克精神的他，不仅是一位勇敢抗击艾滋病的活动家，也是校园预防措施机构的组织者。有超过十五年的时间，他都在访问法兰西岛地区的高校，与年轻人交流关于性的议题，并在每次见面会结束后向学生们分发避孕套（因此他使用的是化名）。每个月，他都会撰文回顾高校见面会的情况，并将之发表在他有趣的专栏中。（最近他出版了名为《Q世代》[12]的作品集，值得一看！）无论他去的是什么类型的学校，他都能看到青少年的观念仍然受到性别刻板印象的影响。"的确，女孩和男孩对于两性关系的想法总是存在很大的差异。有数段情感经历的男性会被归类为'发电机'、帅哥，他们获得的评价都很正面；对于女孩来说，评价则比较负面，她们会被认为是'随便的女孩'，这么多年过去了，这种情况并没有改善多少。"我们坐在餐桌前，面对着一盘黎巴嫩菜时，他这么对我说。

克波特博士在课堂上看到的情况，法国国立人口研究所和法国国家健康与医学研究院也在全法十八岁以上的人群中观察到了。2007年，这两家机构共同发表了《法国两性关系调查报告》[13]，这是对法国人两性关系进行的规模最大的统计调查，该调查早前也曾于1970年和1992年进行过。在这次调查中，共有12000人接受了来自不同学科的研究员的采访。有何结论呢？两点：第一是当今的人比1970年代的人更重视两性间的亲密关系；第二是**我们仍然会根据谈话对象的性别而赋予亲密关系不同的意义**。报告强调："尽管男性和女性之间的差距正在缩小，但事实证明男女的**亲密关系**之间依然存在差异。当话题涉及到亲密关系时，对女性来说，情感和婚姻是必要条件，而对于大多数男性而言，女性的多样性和身材等都是必要的。"换一种说法就是：女性更应该忠诚于爱人，而男性更应该丰富自己的经验。

这种性别角色的分工和许多专家一直在媒体上传播的"两性互补"的想法直接相关。一方面，女性生性温柔、浪漫、被动且少有生理上的冲动；另一方面，男性天生活泼、好斗，并总是被不可避免的各种需求欲望所驱使。这一观念仍然深深植根于人们的思想中——对法国人的亲密关系的调查也显示，73%的女性和59%的男性都认为男性比女性有更多生理上的需求。

然而，**这种观点在很大程度上已被科学研究破除**。例如，2011年，俄亥俄大学（美国）的研究员特里·费希尔（Terri Fischer）就进行了一项研究，以确认男性是

当我生的是男孩

否真的比女性更常联想到性。根据调查，她发现，受访男性平均每天想到性十九次，而女性则有十次。许多媒体迅速将此结果转述为"男人痴迷于性"，却忘了进一步说明男人也没少考虑睡觉或吃饭。也就是说，**男性会比女性更多地表达基本需求**。再说，研究中也强调了，这只是一个平均值（有人更频繁地想到性，而有人则更少）。这项研究最后的结论是："想到性的频率与生理性别之外的变量有关。"

加拿大研究员梅雷迪思·奇弗斯（Meredith Chivers）多年来一直致力于研究性行为。在一项实验中，她让男性和女性观看不同类型的性图像（异性恋的，同性恋的，自慰甚至是倭黑猩猩的性行为），并用放置在性器官上的传感器测量他们的性兴奋程度：总的来说，**所有图像都会引起女性（不同程度的）性兴奋，而男性在面对其中一些图像时则完全无动于衷**。还有一个发现是：被询问时，女性会表示她们面对这些图像没有任何感觉，但她们的身体反应却恰恰相反！身体的反应和参与者自己的表述之间存在差异的现象，在男性中却没有出现。这表明**女性的欲望在很大程度上被低估了，甚至是完全被忽视了**，就连女性自己都没意识到。

这没什么好惊讶的。从古至今，女性的性行为一直被严格禁止，她们因此承受着巨大的社会压力。男性很重视积累性经验，但女性就不可以，否则她们就会被归类为"随便的女孩"和"荡妇"。这就是所谓的"**双重标**

准",即同样的行为,根据行为人所属的社会群体不同,而受到不同的评判。"一个有过性经历的女性会被认为是'肮脏的'。但对男性来说,这都不是事!"克波特博士在与年轻人的交流中观察到。

即使在今天,贞洁仍然被视作女性的"珍宝"(需要保护),而对男性来说,这却是一种负担(需要尽快甩掉)。 网上一搜就会出现几十页专门讨论这个问题的论坛网站,在这些论坛里,类似的言论层出不穷:"我都快上大学了,但还没跟女孩发生过关系,更惨的是,我还没有在真正意义上和女孩约会过。在我这个年纪,这事真的很严重,好丢脸。"像这样的信息,网络上不在少数。这也再次提醒我们,男子气概的模型在持续影响着男孩对亲密关系的看法和态度。

(总是)男孩在主导

第二次妇女解放运动发生五十年后,两性关系却仍然在以男性为"主导"。"在一切与决策有关的问题上,我们都有具体的事要做:谁先采取行动?谁先挑逗?谁先勾搭?谁有权拿主意、出现和说话?谁应该占据空间?如今,这些主要还是男性在做。"透过观察,克波特博士得到了这一结论。

据他所说,这种权力关系的不对称很早就出现了。从小学开始,老师会更多地与男孩互动,把发言权交到男孩手上。女孩们被打发到操场边缘时[18]，男孩们却总是占据着（操场的）中心位置。这种权力关系在公共空间中一直存在，绝大部分的公共空间仍然被男性占据（且被认为是男性专属的）。[19] Manspreading（我们可以将其翻译为"男性开腿""男式占座"或更粗俗直接的"水晶睾丸综合征"）就是其中一种现象，即许多男人在公共场所坐下时，总是将双腿分得非常开，迫使他们邻座的人（更常见的是他们邻座的女性）缩成一团。

这种现象导致人们在纽约、首尔、鹿特丹和马德里等城市发起运动，倡议男性们不要占据所有空间。[20] 这可能有些好笑，但也的确质问了我们教育男孩（和女孩）的方式，这些教育包括他们与自己的身体、他人以及权力的关系。

从很小的时候开始，男孩就习惯了处于中心位置，树立威信，做出决定。"这会造成脆弱的亲密关系。"克波特博士观察到。他用更专业的语言进一步解释："如果一个女性迫于压力与男性进行无防护措施的性行为（这种压力常见于异性恋夫妇之间），那么这绝对与我们从蹒跚学步以来就赋予彼此的社会角色有关。"媒体所呈现的内容，还有色情产业的产品，都强化了这种模式。

为孩子们提供性教育

我们可以帮助男孩避免陷入对两性关系的刻板印象

中。这种刻板印象的标志是崇尚男性能力，倡导性暴力和对女性的控制。在这个过度性化和性自由提早化的社会中，我们能且必须为他们打好基础，让他们在长大之前就懂得什么是自由、充实且尊重自己和他人的亲密行为。而这一切的前提就是要重视对孩子的性教育，并为其提供必要的指导。

应该反复强调的是：要想保护孩子免受某些图像的暴力侵害，就必须先控制他对电子屏幕的访问权限。我强烈建议父母们在家庭电脑上安装家长控制功能，但这还不够。"对于年幼的孩子，我真心建议父母不要让他们在无人看管的情况下使用电子产品。在孩子的房间里不要放置电视和可以上网的电脑；夜里不能让孩子拿到手机。这些建议虽然有些过激，但是也相应地反映了一些显而易见的事实。"亚历山大·舍瓦利耶（Alexandre Chevalier）对此很是坚持。作为一个性教育专家，他会不定期地与罗纳省内十二岁到二十五岁的年轻人进行沟通对话。对家长来说，这样的预防措施是必不可少的，光指望别人可不行：即便法国参议院最近已经指出，**让儿童过早地接触色情内容**等同于**性暴力**，但迄今为止，法国仍然没有对性内容平台或互联网运营商采取任何强制措施，以保证未成年人对这些网站的安全访问。

我们要做好预防工作。广告、下载网站、朋友的手机……孩子们想要获得一张色情图片很简单！尽管我们已经采取了所有能想到的预防措施，但他们总是有机会看到那些能让他们感到震惊的内容（不仅是在性方面）。一旦他们能够上网"冲浪"，就要给他们打好预防针，告诉他们，在上网时有可能会不小心看到不适合他们这个年纪看的图像，如果那些画面使他们感到困惑，可以来找我们聊聊。"重要的是，要对孩子提出的所有问题保持开放的态度，让孩子能说出他所看到的、可能会让他感到震惊的东西。"亚历山大·舍瓦利耶说。

和他一样，女性主义导演兼作家奥维迪（Ovidie）也倡导我们与青少年展开对话。"我们必须提前屏蔽不符合未成年人保护要求的网站。但与此同时，我们也要给予孩子们信任，重视与他们的讨论，而不仅仅是忙着去控制他们，查看他们无论如何都会删除的浏览记录。"2018年初，正值奥维迪的新书《一键之言》（*À un clic du pire*）发行之际，她在《观点》杂志上表达了以上观点。

要让孩子注意他所见事物的语境。例如，我们可以告诉他那些影片是虚构的，它们既不是纪录片也不是性教育工具，而是由演员演绎的电影，其目的主要在于引起观看者的欲望。我们也可以向他解释亲密关系是一个**需要不断学习的过程**。正如亚历山大·舍瓦利耶所建议的："我倾向于告诉他们，有些我们起初不喜欢做的事情，以后可能会继续不喜欢，但也可能会喜欢上。他们还年轻，没必要完全地模仿他们所看到的东西。"

我们可以加强孩子的批判思维能力。既然充满性暗示和性别歧视的内容和图像无处不在，我们就正好可以利用它们！这正是克波特博士对他的孩子所做的。"当我十三岁的儿子让我给他拷贝、下载一些说唱歌曲时，我同意了，但前提条件是我们先一起读一下某些歌曲的歌词，并对它们进行剖析。"当然，很少有人会认为这能带来乐趣！但好在我们有很多选择：广告、音乐、音乐视频、杂志、真人秀节目……总有一些媒介中难免出现充满了性暗示和性别歧视的内容，因此也是完美的讨论材料。当孩子在观看真人秀节目《北方人在纽约》或《马赛人》时，我们便可以借此机会（或至少尝试）就他正在观看的和（或）听到的内容展开对话：

·他看到的那些身体是怎样的（光滑、肌肉发达、有吸引力等）？他们能够代表在现实中看到的人吗？为什么？

·这个电视节目的内容是否经常与性暗示有关？具体说的是什么？他怎么看？

·含有侮辱色彩的内容是否具有性的特征？它们是否以同样的方式来针对男性和女性？在别处也常常听到这样的内容吗？为什么一些低俗词汇会如此有侮辱性？

·在电视节目中，女性是否比男性更经常暴露身体？在别的地方是否也如此呢？

诸如此类的讨论都可以。

为了真正的包容和解放

让我们与荡妇羞辱作斗争。"荡妇羞辱"(slut-shaming)一词由北美女性主义者提出,意为"对女性的污名化",包括因女性的行为和衣着而诋毁她或损坏她的名声。尽管如此,当我们的朋友珍妮断言,那些穿着裸露招摇过市的女孩"不自重"时,我们也认同了,而当表亲休伯特因为某个女人经常换伴侣,就评价她是"交际花"时,我们也附和了。通常这些困扰着女孩的"坏名声"都是由很小的事情引起的,如穿着、言行等。荡妇羞辱的想法正是来源于认同一些女性是值得尊重的,而另一些不值得。顺着这个逻辑得到的结果就是,不值得被尊重的女性即便受到侮辱、殴打,甚至被逼自杀,她也不该抱怨("她不该穿成那样""谁让她不检点的"……)。

这就是为什么荡妇羞辱是一种灾难,我们必须与它作斗争。(更何况对男性而言不存在与之相同的困扰)。在家里也一样,因为我们轻蔑地谈论一些女孩时,就是在向孩子们暗示,外表性感或情感经历丰富的女孩不值得被尊重。很显然这是一个问题。

我们要揭开男性和女性亲密关系的神秘面纱。这是一项长期工作,我们需要从幼儿时期就开始解构与"男性化"和"女性化"相关的刻板印象,这其中就包括质疑许多围绕两性行为展开的先入为主的观念。而等孩子长大到一定年纪时,我们可以提醒他们一些简单的事实:

- 女性也有欲望；
- 女性与男性一样，有权享受自由；
- 女性的拥有亲密关系并不比男性的可耻；
- 男性并非都是性活跃的；
- 男性也重视柔情；
- 所有的取向都是值得尊重的。

消除男孩们的疑虑。两性关系的好坏主要取决于情感，而非其他。至于有些男孩可能会遇到的功能障碍，它的确有可能发生！但也没关系。所有男人都有可能面临这种状况，哪怕是在他们对伴侣有欲望的情况下。（因此，交流和善意在亲密关系中就显得尤为重要了。）

给他们一个正面的（和更平等的）形象。两性关系并不是支配的同义词。我们要向男孩解释清楚，只有在征得对方同意的基础上，支配才可以是双方情感生活中的一部分，且由哪一方主导都行。

让我们记住：尊重他人并关注对方，并不意味着就注定会无聊乏味。与之正相反，摆脱刻板印象的束缚意味着有机会发现真正的自己；意味着要让自己被内心的感受所引导，而不是强迫自己追随偏见；意味着能够向对方敞开心扉，而不用害怕被评判；还意味着让自己有机会拥有更丰富、更充实的生活和体验。

3.
针对男孩的性暴力

集体否认

那是一个夏日的美丽夜晚，我们一群朋友聚在一起，天气很热，啤酒一杯接一杯，大家的讨论异常热烈。那时候（倒也没那么久远），我们都还没有孩子，但是那天晚上，这些还没有出生的小家伙却成了重要的谈话内容。值得重点说一下的是，我们的一个朋友在看到少女们穿着超短裤闲逛时，显得非常震惊。他毫不掩饰敌意地说道："说真的，这挺不要脸的。如果以后我有女儿，我是绝对不会让她穿成这样上街的！"他话音一落，夏日酒会就变成了一场激烈的辩论赛。

我在这场辩论中听到了朋友们（包括女性朋友们）的不少观点，他们认为作为未来的父母，我们有责任保护我们的女儿。或者更确切地说，保护我们女儿的性完整性。这个所谓的"女儿"还不存在，但已经成为备受关注的对象了。"想象一下，如果你的女儿十五岁就怀孕了!""如果你在网上发现了她的裸照,你要怎么办?""生个女儿,我永远不会安心。你们看到那些姑娘的打扮了吗?! 出了事也不奇怪。"这次对话让我震惊的甚至不是这些言语中流露出的荡妇羞辱(不幸的是这很常见),真正让我至今都印象深刻的是,**辩论中完全没有提到男孩!**在这个话题上,一向都是如此。

不信我们来做个测试。把话题引向讨论未成年人的爱情和性生活,你会发现,人们和你谈论的只会是……女孩,女孩,还是女孩,以及她们容易"招来"的早孕、骚扰、性侵犯、未成年卖淫的风险(是的,因为当问题涉及女孩和性行为时,人们通常只会用危险的视角去看待)。而男孩呢? 哇! 消失得连影子都看不到了。讨论的最后,我们只想知道:女孩只能自己一个人睡觉吗(或是只和别的女孩一起睡)? 难道是圣灵让她们怀孕的吗? 她们难道是被其他什么东西侵犯的吗? 当然不是。看吧,那么她们究竟是被谁强奸了? 2017 年初,在被任命为法国性别平等事务国务秘书的几个月前,马琳·斯基亚帕在她的著作《强奸犯在哪里?》[38]中提出了这个问题。奇怪的是,似乎没有多少人想回答这个问题。

我们担心女儿会受到攻击,却从没想过儿子可能会成为侵害者。我们担心她们会被称为"荡妇",却从没有问过自己,是否是我们养大的男孩在羞辱她们。我们担心她们会面临早孕,却很少关心儿子是否会成为未成年父亲(顺便说一下,这个词并非我凭空捏造,它与可怕的"未成年母亲"正好相对)。**在性行为和情感生活方面，我们一直将所有责任压在女孩身上，却从不质疑自己教育男孩的方式。**不言而喻，我们的孩子的未来一点儿也不乐观。

性暴力也有性别之分

年复一年，各个机构所做的研究接踵而至，它们都在反复说同一件事：性暴力极度地性别化了。以法国国立人口研究所于2016年发布的报告为例：仅一年内，法国就有580000名女性和197000名男性遭受了性暴力（这些数字还不包括被骚扰和遇到露阴癖的情况）。平均而言，每年有93000名成年人成为强奸或强奸未遂的受害者，其中96%是女性。**而每十起案件中，就有九起的侵害者是男性**。[39]

这种现象不仅出现在强奸案中，所有的性侵害案件（包括触摸、露阴、骚扰等）都如此：2017年，因性侵害被捕的22300人中，98%是男性。[40]

最近，法国性别平等高级委员会的一份报告[41]还显示，100%的女性都曾在搭乘公共交通工具时遭受过至少一次基于性别歧视的骚扰和（或）性暴力，包括吹口哨、下流的言论、露骨地打量、羞辱、摸屁股等。2016年，一项大型国际调查公布的结果[42]让我们了解到，在法国，65%的女性在十五岁之前就初次遭遇了街头骚扰，而十一岁至十七岁之间的女孩遭受街头骚扰的比例高达82%。这个女性们都了然于心的普遍现象再次说明：性暴力几乎完全是由——男人——犯下的。

性暴力既不是偶然也不是必然

由此，我们能得出什么结论？最好的是，我们意识到了必须教会女孩如何保护自己。但更常见的是，女孩必须时刻注意自己的着装、行为、行踪和出行。简而言之，她们必须把自由放在一旁。**从很小的时候起，女孩们就意识到她们面临着被强奸的风险**，她们很小就被告知在穿过停车场的时候可能会遇上危险的陌生人。为了避免被"生吞"，她们最好待在家里，以保安全。

但现实却提醒着我们，家并不安全。**绝大多数强奸案恰恰发生在受害者或侵害者的家里**。在这些强奸案中，74%的案件是熟人作案[43]，**侵害者通常是受害者的现任或前任伴侣**。所以，将女儿锁在家里又能如何保护她们免受伤害呢？如果真的想面对强奸问题，我们更应该告诉她们，最大的危险往往来自她们的交友圈。受害者永远不应对她们受到的攻击负责。而且，更重要的是，我们要教会男人不要攻击。

之所以这么说是因为，强奸不是少数内心扭曲或精神失常者才有的行为——**强奸可能由任何人在任何社交背景下实施**。与普遍的观点相悖的是，**性侵害很少由"精**

神病患者"实施。2009年,一项在十一个欧洲国家进行的研究表明,被指控强奸的人中只有不到7%的人患有精神疾病。[44]

另一方面,不像我们常听到的那样,**强奸不是情感受挫的结果**。在1990年对114名被判强奸罪的男性进行的研究显示,89%的人表示他们在被拘留前每星期至少发生两次性行为。[45]另一些实验,例如四名美国研究员在2004年进行的实验[46]也表明,导致强奸倾向的根本原因是对支配的憧憬,而不是满足性快感的想法。换句话说,**侵害者进行强奸不是出于性冲动或性需要,而是出于对控制的渴望**。诺埃米·勒纳尔在她的文章《终结强奸文化》中强调:"其他研究表明,倾向于实施性暴力或已经实施过性暴力的男性会都被权力所吸引,并自动将权力与性关联。"[47]

而且,必须记住的是,"诱发"强奸的不是受害者,**更不是她们的穿着**。为了揭穿这一根深蒂固的谬言,美国堪萨斯大学性教育和预防中心于2017年举办了一场名为"你当时穿了什么?"的展览,展示了十八位女性在被强奸时所穿的衣服:短裤、短裙、Polo衫……几乎涵盖了所有类型的衣服。

2007年,美国研究员特蕾莎·拜纳(Theresa Beiner)研究了性感服装与骚扰之间的相关性。她的研究表明,两者之间并没有联系,被骚扰的女性并不是因为她们的着装而受到骚扰。对于那些仍然质疑这一点的人,我们还要提醒一句，如果是女性的穿着促使袭击者采取行动，那么海滩将成为大批强奸案件的发生地，而那些要求女性包裹住自己的国家也就不会有任何性暴力的问题了。但事实显然并非如此。

让我们和男孩谈谈性暴力

我们总是急着警告女孩她们可能会遭受性暴力，却从不（或很少）向男孩提起这个话题，好像这并不关他们的事。然而，**性暴力也与男孩密切相关**。

首先是因为，正如我们所看到的那样，**男性是绝大多数性暴力事件中的实施者，更宽泛地说，是针对妇女的暴力行为的实施者**。当然，幸运的是，并非所有男人都是强奸犯。但在他们当中，我们不知道有多大比例的人正在或将有可能实施这一行为。在法国，还没有人为了找出答案而对此做过研究。然而，诺埃米·勒纳尔在她的文章中指出，关于这个议题的确有一些来自国外的数据，尤其是来源于在美国进行的研究。

那些数据告诉我们，据估计，有5%到13%的男性曾使用或试图使用武力，或是利用对方在醉酒或吸毒的情况下进行或尝试进行侵害。但也有很多男性（高达27%）曾经通过向对方施加压力的方式与对方发生性行为，如勒索、分手威胁等。大约有10%到20%的男性在未经同意的情况下与对方进行了性接触。诺埃米·勒纳尔强调道:"根据研究,总体而言,25% 到 43% 的男性一生中至少实施过一次性侵害或强行进入。"

换句话说,不管我们有多不想触碰这个问题,如果我们不想让男孩们在未来加入性虐待者的行列,就要让他们认识到这个问题的重要性。"你很难向你的女儿解释'怎样才能不被强奸',因为你不想把她想象成一个受害者。但向你的儿子解释'不要强奸'的想法会让你更加痛苦,因为你更不想把他想象成一个侵害者。"《赫芬顿邮报》的卡琳娜·科洛德内在一封题为《你和儿子间不得不展开的关于强奸的对话》[48]的公开信中如此指出,这封信是她写给"未成年人的父母们"的。

请责无旁贷地和男孩谈谈性暴力。这件事至关重要,**尤其是因为他们也有可能成为受害者**。2016 年的《法国性行为调查报告》显示,15.9% 的女性表示曾有过被性侵或被性侵未遂的遭遇,而 4.5% 的男性也面临过同样的情况。2018 年 1 月,法国国家儿童保护观察所的报告还显示,**在未成年人中,22% 的性暴力控诉是由男孩提出的**。而在 2016 年,就有 19% 的强奸控诉和 23% 的骚扰和性侵害控诉由男孩提出。这些只是冰山一角。该机构在其报告中提醒我们:"遭受性暴力的人当中,只有不到 10% 的人会提起控诉。"[49]

请和男孩谈论性暴力,谈论那些他们可能会犯下、也可能会被迫承受的性暴力,不要让他们孤独地面对这个问题。

对于"同意"的尊重，是可以学会的

玩一玩和侵犯的区别是什么？调情和骚扰呢？还有强奸和发生性关系呢？答案是：是否取得了当事人的同意。"同意"这个词近来被频繁提及，它指的是一个基本原则：**不就是不（No means no）**。我的身体我说了算，我的性行为也是，未经我的同意，任何人都无权触碰我。乍看之下，这个概念似乎很清楚。但显然事实并非如此，否则女性就不会面临如此大量的性侵害事件了。

"强奸或强奸未遂的数量令人震惊，其中有些人甚至没有意识到他们的行为是强奸。"艺术家德德卡帕说。自2016年以来，"同意"问题一直是他开办的"通过艺术和感性解构和重新定义男性的实验室"的核心问题之一。而且，在工作坊进行的过程中，德德卡帕指出了一个主要问题：**"我们要求男性获得女性的同意，但他们甚至不知道如何判断自己是否同意。如果我们想解决性暴力问题，我认为我们应该从这里开始。"**

在一个认为男人只想着性的社会里，男性和女性似乎都默认了男性的"同意"是不言自明的。这就解释了为什么大多数男人从来不去质疑自身的欲望。（"我真的想那样做吗？我真的想要用那样的方式做吗？"）这也解释了为什么当一个男人被女人强迫发生性行为时，不会用"被强奸"这个词来描述自己的遭遇，即使事实是这样。换句话说，如果我们要打击所有类型的性暴力，就必须

教会男孩和女孩什么是"同意"。

让我们尽早和他们谈谈"同意"的问题,不要等到青春期才开始。性健康教育专家亚历山大·舍瓦利耶很认同这一观点:"什么是亲密关系?谁有权触摸你的身体?这些都是从幼儿园开始就应该问的问题。"为了更好地沟通,我们要使用适合他们年龄的词汇和示例。"同意"这个词原本是一个法律术语,对孩子来说不好理解,更不用说非常年幼的孩子了。亚历山大·舍瓦利耶建议我们,**可以用与日常生活相关的具体情境举例,而不一定非要与性有关**。"例如,你可以说:'你在睡觉,你妹妹在你睡着的时候给你剪头发,你觉得可以吗?'你也可以举欺凌的例子:'假设你在学校交不到朋友。有一天,你的一个同学对你说,如果你从隔壁的商店里偷到东西,他就做你的朋友,你会去做吗?也许你会去,但如果你是迫于压力去做的,这能算是你真的同意了吗?'"亚历山大·舍瓦利耶进一步做了说明。

这些日常化的例子不仅具有儿童可以理解的优点,它们还说明了"同意"常常出现在许多层面,而不仅仅是与性有关的方面。

不要强迫我们的孩子违背自己的意愿亲吻(或接受亲吻)。这是英国一个性教育论坛的负责人露西·埃默森(Lucy Emmerson)试图传达的信息。2014年,这个话题在英国引起了争议,许多家长将其视为一种极端主义。不过,露西·埃默森解释说,**强迫孩子进行身体接触就**

等于在说,他们的身体不属于他们自己,即使他们不同意,成年人也可以对其随心所欲。如果孩子拒绝以亲吻的方式向他们的祖父母打招呼,不要惊慌,可以用飞吻或问好代替强制的"贴面吻"。我们有权在保持礼貌的情况下拒绝身体接触!

"同意"的五项原则

·同意是自愿的:屈服(面对权威或某人的勒索)不是同意。

·同意是明确的:没有说出"同意"就意味着不同意。因此如果存有疑问,最好询问此人是否同意。

·同意者需要有做出同意决定的能力:换句话说,当一个人在睡觉、醉酒、失去意识或无法表达(例如由于事故或残疾)时,就意味着对方没有能力同意。

·同意是具体的:同意指在某个具体的时刻准许某人进行某种行为。并不是因为我们某次同意过某事,就意味着下一次我们还会继续同意。

·同意是可撤销的:我们有权在任何阶段撤销或拒绝进一步行动。

让我们改变关于强奸的陈述

我们要明确什么是"强奸文化",以更好地反对它。强奸文化的概念于1970年代在美国形成,是指一整套的、普遍且由来已久的错误的态度和认知，它不承认男性对女性的性侵犯，并对此加以辩护。[50] 例如，认为性暴力的受害者往往是污蔑施暴者的骗子，就是一种强奸文化（但实际上，虚假指控仅占所有控诉的2%—10%[51]，与其他类型案件的比例相同）。当我们自然地说出：如果某女性被强奸了，那也是她自找的（因为她举止随便，穿着性感的衣服，喝酒或和男孩一起出去），也体现了一种强奸文化。又或者，认为一个女人虽然嘴上说"不"但她实际却想"要"，这仍然是一种强奸文化。

所有这些关于强奸的陈述都会让受害者感到内疚（从而阻止他们说出真相），并减轻侵害者的责任（他们可以平静地继续他们的生活，甚至可以完全不用承担罪责）。这些关于强奸的陈述导致我们的社会低估强奸的危害，甚至容忍强奸的发生。问题是，它已根深蒂固，并在流行文化中屡见不鲜。要改变这种情况，我们可以从以下这些行动开始：

· 重视受害者的话；
· 不要责怪受害者；
· 指出有关性暴力的概念不一定正确（侵害者并非都是可怕的怪人，更有可能是普通人）；
· 提醒我们的孩子，永远不应该以性作为对某人恩惠的回报（哪怕那个人是友善的，给了我们礼物，或是我们爱他）；

·走出"朋友区"。"朋友区"是一个被广泛使用的流行语,包括在青少年群体中,它表示一个人希望与另一个人建立亲密关系,而另一个人只想维持朋友关系的情况。我们常说某人"处于朋友区"或"被放入朋友区"。这个概念助长了强奸文化,因为它暗示了只是因为某人(通常是男孩)对女孩很好,他就会拥有与之发生性行为的权利。由于这一概念经常在电视剧和油管网红频道中频繁出现,从而也出现在了校园中。

我们需要准确地解释什么是强奸、什么是性侵害。亚历山大·舍瓦利耶指出,在这个领域仍然有很多(非常)模糊的地方,比如与他人的关系、界限、我们能做什么或不能做什么等。在他的讨论会上,他发现年轻人仍持有许多错误观点,性游戏、性侵害等这些概念都被轻率地混合在了一起。因此,为了重新界定这些概念,他自发地呼吁大家关注并了解法律,并邀请会上的人在家中也这样做,比如在看到时事热点或者正在讨论相关主题的时候就可以这么做。我们可以这样解释:

·如果我们在未经对方同意的情况下强行与之发生性关系(包括用手指或其他物体),则属于强奸,即犯了可判处监禁的罪行;[52]
·只要我们做了带有性特征的行为,无论是否有身体接触(触摸、暴露),只要当事人不同意,即属于性侵害,也能处以监禁；

·当我们发表带有性暗示的言论和（或）手势，使一个人感到不舒服、受到恐吓或羞辱，就属于性骚扰，在法律上也会被定罪。

我们要质疑自己的表述。"关于性暴力问题，我们真得好好地公开讨论一下了。其实许多成年人在这个问题上的认识还远不够清晰。如果大人如此，又怎能希望我们的孩子清楚呢？"亚历山大·舍瓦利耶说道。他说得没错。2016年3月，创伤记忆和受害者学会进行了一项调查，以了解法国人如何看待强奸：两成的受访者认为女性说"不"就是在"要"；对61%的法国男性和65%的法国女性来说，男人比女人更难控制自己的欲望。让我们记住，这个想法在很大程度上是由性别刻板印象导致的。它也提醒了我们，为什么从小解构"男性化"和"女性化"的表征是非常重要的事情。我们想要终结公主和骑士的模式，不是为了颠覆传统，而是因为这些现象已经成了性暴力的温床。

4.
给男孩的性教育

不要过分依赖学校

"性革命"已经过去五十年了,"性"仍然是一个性别歧视的雷区。尽管妇女解放运动在避孕和堕胎的斗争中取得了胜利,但要实现性尊重和性自由,依旧道阻且长。在这场战斗中,我曾天真地以为自己能够寄希望于学校。我想,学校会让我们的孩子对平等、对刻板印象的危害、对性暴力的蔓延等所有这些主流的社会问题都更加敏锐。

但如今我意识到情况并非如此。原因很简单,那就是**教育机构在性教育领域完全滞后了**。自2001年以来,法国所有学生,从小学一年级到高中毕业,每年都必须参加三次性教育班,每个班的主题根据学生年龄展开。这一要求是强制性的,至少纸上是这么写的。最近,法国性别平等高级委员会就性教育问题进行了一项小型调查:在2015—2016年间,**四分之一的小学在性教育方面毫无举措**(4%的初中和11.3%的高中也如此);而那些有所行动的学校，通常也只是针对特定的班级提供相应的教育。该项调查的结果就是："每年就学的 1200 万学生中，**只有很一小部分人**能从每年的性教育课中获益。"2018 年夏天，法国性别平等事务国务秘书马琳·斯基亚帕着手处理此事，并向所有校长发出通知，要求学校设立对应的讲习班。

由此，我们知道：一方面，孩子们的周围存在着大量多少带点儿暴力色彩的性影像；另一方面，有关性的问题的信息又明显缺乏。如果我们想帮助男孩们找到性别关系中的平衡点，或说得更宽泛些，想让他们能够与异性建立起健康平等的关系，那么就必须由我们——父母们，来和他们谈谈。

性教育要从家里开始

问题在于，为人父母，我们却并不觉得自己随时都能就性教育问题开口！因为我们自己当初也是在毫无经验的情况下硬着头皮学的，有时甚至是事后才有所学。可能因为我们对这个话题感到尴尬，或是因为我们可能经历过性暴力和（或）困在复杂的性关系中，总之，太多的个人原因会导致我们回避这个话题，从而使我们的孩子不得不到别处寻求答案。而这个所谓的别处不一定是我们所希望的地方。

好在当今我们有很多可以利用的资源。放心大胆地使用那些教育视频、书籍、互动内容吧，无论我们的孩子有多大，这些材料都是帮助我们与之展开讨论的绝佳入口。即使是能轻松面对这个话题的父母们，也会从中获得宝贵的帮助。而孩子们，则可以从中找到他们不一定敢问父母的问题的答案。可以说，将几本精心挑选过的关于性教育的，或更广泛一点儿，关于人体的书放进我们的书房，将会让全家人受益。

性教育不能被简单归结为只关乎性行为的教育，它应该始于孩子们对亲密关系的发现和对自己身体的了解。早在孩子们年幼时，这种学习就已随着他们懵懂的提问开始了。他们总是非常好奇地想知道自己的身体"为什么"是这样的，以及是"如何"成为这样的。"如果你五岁或六岁的孩子洗完澡，问你：'真奇怪，为什么我的鸡鸡这么硬？'千万别对他说'闭嘴，这样说太下流了'或是'我以后再告诉你'，你应该正面回答他这到底是为什么。"克波特博士坚持这样的观点。

为此，我们可以将一些简单的原则付诸实践，正如可爱的儿童文学博客《说点儿悄悄话》（Les Ptits Mots-dits）所建议的：

· **始终回应孩子的问题**，即便要向他承认你并不知道答案（这样的话，你可以借机和孩子一起找出答案）；

· **使用的语言和所作的解释要简单易懂**，便于让孩子理解，且符合他的年龄；

・**使用准确的术语来指名性器官**（阴茎、睾丸、外阴、阴道……），而不是只使用"代称"（小弟弟、小妹妹……），你也可以同时使用这两种叫法；

・**始终告诉孩子事实**（所以就不要再讲"玫瑰和卷心菜"[1]之类的故事了），请不要低估孩子的理解能力；

・在等待孩子提问的同时，也要**根据孩子的年龄和身心发育的状况来调整话题**；

・**反问孩子他所提出的问题**，确保他真的理解了你所说的；

・**时刻保持冷静**，哪怕孩子提出的问题与他在课间休息时听到的性侮辱有关。如果无法平静地回答孩子的提问，那么最好推迟这次讨论；

・**在日常行为中进行性教育**，比如在洗澡时告诉孩子身体的不同部位都叫什么；

・**在言行中展现包容**，主动地谈论人的多元性。

通过与我们的孩子谈论身体和性，可以让他们更加了解自己，更好地认识周围的世界。这是一项长期的策

---

[1] 传说古希腊迈锡尼国王阿伽门农的妻子生了四胞胎，其中三个女儿用玫瑰花瓣包裹着身体，儿子则用卷心菜包裹，之所以选择卷心菜是因为想区别开和女性有关的物体，以避免男孩变成"娘娘腔"，而那一天卷心菜正好是国王饭桌上的菜肴之一。一些父母常借用"玫瑰和卷心菜"的故事向孩子解释人是怎么出生的。

略:一旦我们开始与他们进行这样的对话,那么这种对话就必将伴随着他们的成长而持续下去。哪怕我们并不总是对所有问题都持有答案,或者没有在第一时间完美地进行解释,都没有关系!"我们都可能会犯错,没什么大不了的。但你必须相信自己:你可以用自己的话简单地向他们解释清楚。"克波特博士强调。**最重要的是为对话和交流敞开大门,一定要避免产生禁忌话题。**

和男孩谈谈"女孩的事"

和男孩谈谈女性的身体,谈谈她们身体的构造还有运行的机制。我们应该珍视女性的身体:它既不"脏"也不"复杂"。它只是和男性的不一样而已!我们注意到,当直白地以事物的名字称呼事物时,很容易感到不自在。而当没用代称直呼女性的器官时,这种感觉就会更加明显。哪怕父母能不动声色地在孩子面前说出"阴茎"这两个字,但是要说起"外阴"或"阴道"的话恐怕就不那么容易了。让我们记住,这些词既不淫秽也不具有侮辱性,它们只是简单的解剖学术语。当我们看到人们对女性的认知有多么愚昧的时候,也就能明白在**给事物(正确)命名的过程中存在着真正的性别平等问题。**

说到这里,不得不提米歇尔·西默斯。2017年,这位备受媒体追捧的医生出版了一本名为《什么时候可以,什么时候不可以:给孩子(和父母!)的身体认知书》[53]

的书籍，这本书专为儿童设计。在书中，有两页专门介绍了"弟弟"，非常准确地解释了男性生殖系统（包括尿道、阴囊、精子）的功能。按理说，书中也应该有关于"妹妹"和女性生殖器系统的专门介绍。但是，突然之间，相应的细节消失了：在米歇尔·西默斯的书中，女性的生殖器官被归纳为——一个膀胱和一个尿道口。女性的阴蒂（以及阴道和子宫）失踪了！当被怒气冲冲的家长们质问时，这位医生显得很不耐烦。他还没有意识到问题所在，但我们却能。因为我们知道，对女性（甚至是男性和女性本身）的无知是悠久的男权统治历史中的一部分。我们是否应该回顾一下，直到 2008 年才实现了首次针对阴蒂的超声检查，而直到 2017 年阴蒂才得以在法国小学生命科学课本中被正确描述（且仅此一本）？我们是否还应该记住，在三、四年级的学生中，83% 的女孩和 68% 的男孩都还不了解这个器官的具体功能？既然如此，我们也就明白，**向男孩解释清楚男性和女性的身体是如何运作的这件事是多么急迫。**

我们非常需要向孩子们正确解释月经是什么！这是因为，在文化上常常将月经与不洁和污秽联系在一起，导致它仍然受到来自社会的极大的污名化。加上我们经常遮遮掩掩地谈论它，就好像它是一种可耻的疾病。"大姨妈来了""有情况""好朋友来了"，或更简单地说"那个来了"，所有这些流传着的隐喻都是为了避免说出"月经"两个字。大多数经期用品广告也都坚定地延续了这一禁忌,用蓝色液体表示血液,承诺不留"气味"和不"侧漏"。因此,难怪将近一半的年轻女孩对她们的月经感到羞耻[54],而当男孩们看到一盒卫生棉条时会表现出强烈的反感,也就同样不奇怪了。让我们和他们谈谈吧,这有助于揭开月经的神秘面纱(不,它并不"恶心"),并使其正常化(是的,它关系到一半的人类)。这也是一个谈论青春期、生殖系统以及性健康的机会。

我们要尽早教会男孩们避孕。 防止意外怀孕不仅仅是女性的事!只要存在发生性生活的可能,男性就有可能会成为父亲。为了避免这样的情况发生,他们也应该为此担心并承担相应责任。此外,并非所有避孕措施都能得到医保的全额报销,其中一些(特别是避孕药)对必须使用的人来说可能不是一笔小钱。没有任何理由让女性,特别是年轻女孩,独自承担此类费用。因此,**男孩们可以承担一部分避孕费用,因为他们也从中受益了。** 而更好的选择是:**和男孩们谈谈男性避孕。** 避孕套、杀精剂、荷尔蒙凝胶、加热避孕内裤等都是男性避孕措施。就算有些避孕措施被限制获取和(或)太昂贵,但针对男性的避孕方法的确存在,而这无疑是对男性主义者所谴责的所谓的"被迫抚养"[1]的最佳补救措施。

---

[1] 一些国家的法律要求男性必须向自己的非婚生子女提供满十八年的抚养费,即便他们并不愿意支付这笔费用。

第五部分

(未来的)男性女性主义者在何处?

一天早晨，当我看到"小不点儿"在温柔地抚摸他的毛绒玩具时，我感到很惊讶，并再一次自问：他会成为什么样的男孩？我还不知道他的口味如何，也不知道他长大后会参与什么活动。我不知道他想要尝试花样游泳还是足球，又或是两者兼而有之。我也不知道他是否会乐于与女孩们一起共度时光，或是梦想不惜一切代价加入学校帮派。然而，我所知道的是，他生在一个把关于女性主义的讨论与书籍阅读当成日常的家庭中，由致力于实现性别平等的父母抚养长大。我也知道我们会鼓励他培养自己的个性，而不是敦促他遵守男子气概的刻板印象。这其中也有风险：我们也会担心，他可能会发现自己与其他同龄孩子格格不入。

"对我来说，他留长发不会对我造成困扰，没什么好反对的，但我不想让他在学校被排挤或被嘲笑。"一位母亲对我说。她的儿子五岁，很快就要读小学一年级了。像她一样，我们中的许多人都陷入了矛盾：一方面，我们希望男孩们尽可能地享有更多的自由；另一方面，我们又希望他们能够融入社会。我们想让他们打破性别模式；但同时又担心他们会因为跳舞、喜欢粉色或拒绝打斗而被排挤。一边是进步的价值观，一边是希望孩子被同龄人接受的愿望，这两边对孩子来说都是必不可少的，我们夹在中间左右为难，并试图找到平衡。作为父母，而且是女性主义父母，这十分不易！

加上我们的孩子也并不总是让人省心（否则育儿就太容易了）。我们可以为他们同时提供玩偶和皮球，给他们读破除刻板印象的故事，甚至还可以给他们讲讲女性主义，但是这些并不能保证他们不会轻易陷入陈词滥调和刻板印象中。尽管身为父母的我们意愿强烈，原则坚定，但可能有一天我们的儿子也会想要变得像其他男孩一样，或是像流行文化里展示的那样。也许某天早上，我们会突然意识到，曾经的那个《小马宝莉》的"迷弟"已经成为一个对"侠盗猎车手"系列游戏上瘾的青春期少年了。这确实有点儿烦人，但也算不上悲剧。

如果说男性女性主义者通过切身经历向我们展示了什么，那就是没有什么是永远不变的。在十三岁时，甚至二十岁时满口性别歧视，并不意味着未来就不会成为一个致力于实现性别平等的人。男孩们在极端男性化的环境中长大，并不意味着他们就无法成为真正的女性主义者。看看埃德·霍尔托姆（Ed Holtom）的故事吧。这个十五岁的英国男孩就读于一所男校，他在2014年写了一封公开信，为性别平等大声疾呼，尽管他知道他的一些同学可能会因此嘲笑他。这封信写于艾玛·沃特森在联合国妇女署发表"他为她"（He for She）运动启动演讲后的几天，在互联网上引起了轰动，甚至被刊登在了《星期日电讯报》上。[1]"我最近上了一堂宗教研究课，在课上我们讨论了性别以及性别在现代社会中的作用。"这位少年写道，"前一天晚上，我看了艾玛·沃特森关于性别平等的演讲，我赞同她所说的一切，并对班上某些男生的无知感到失望（我就读于赫特福德郡的一所男子学校）。我想把我关于性别平等的看法写下来，虽然我不确定我的同学们会有什么反应，但我仍然想以某种方式分享它。"

像他一样的男孩和男人正大声且明确地说出他们的女性主义价值观。他们每个人都有自己的判断标准和方式，哪怕其中表现出了明显的悖论，但他们依旧在试图消除男性的统治地位。他们这样做是因为有的人很早就意识到了男女平等的问题；还有一些人则遭受过非常可怕的不公或基于性别的暴力，以至于这些遭遇永远在他们身上留下了烙印。无论他们是不是反性别歧视教育的产物，他们都是女性争取平等的盟友。男性女性主义者是不可或缺的，即便他们目前非常稀有，但可以慢慢发展壮大。因为，如果不改变男性的现状，我们就无法改变女性的状况。也正是出于这个原因，我们中的许多人都希望有一天我们的儿子会成为女性主义者。

1.
女性主义者的孤独

逆流而上的养育

2016年秋天,美国文学教授安德鲁·赖纳在《纽约时报》发表了一篇名为《养儿子的恐惧》[2]的文章。作为一个五岁男孩的父亲,他表达了和我采访过的其他女性主义父母一样的恐惧。这份恐惧主要来自要如何在传统的男性气质规范之外抚养一个男孩。这并不是说他们对自己希望传递给儿子的价值观有所怀疑,而是因为他们知道,自己的儿子将会在一个由性别刻板印象塑造的世界中成长。"我们会教儿子如何感受和表达自己的脆弱。但在我们的文化中,脆弱是一种诅咒。"他边写边回顾了那些像他一样的父亲的痛苦,他们都拒绝按照一种霸权主义男性气质的标准去抚养儿子。

许多女性主义父母都怀有同样的担忧。通过教男孩们如何表达自己的感受,并允许他们投身于公认的"女性化"领域,给予他们机会以成长为自由自在、充实开朗的男孩，而不是性别歧视者。但我们也意识到，在这个不断要求他们成为"真正的男人"的世界中，他们也承担着风险，且随时有可能发现自己与他人格格不入。就算在家里我们允许他们涂指甲油或穿公主裙，他们的朋友或老师却不一定会如此开明。正因如此，谈论到无性别歧视的教育时，经常会出现这些问题：如果我把孩子培养得与性别规范背道而驰，他会感到很困惑吗？当他发现自己身边有传统男子气概模式下长大的儿童（或成人）时，他会有何反应？我的儿子会因为他所受到的平权教育而被孤立吗？

在电话中，儿童发展心理学教授韦罗妮克·鲁耶（Véronique Rouyer）消除了我的疑虑：**一个家庭永远不可能在完全脱离性别规范的情况下继续运转，即便看上去它已经摆脱了！** 这位在儿童性别认同教育领域工作了二十年的专家指出："性别社会化体现在很多方面，比如父母提议、允许或禁止孩子进行的活动，比如父母传达给孩子信息时的表述，再比如父母允许孩子进行的学习活动（学习踢球或玩娃娃）。还有一个事实是，父母自身就在树立男性或女性的榜样。"

鼓励男孩玩过家家并不意味着我们绝对没有向他们传递任何性别规范的观念。哪怕只是在家里总是妈妈进行采购，爸爸养护汽车，或者爸爸喜欢看足球，妈妈则定期去美容这样的事情，也会向他们传递性别规范的观念。韦罗妮克·鲁耶进一步阐释她的观点："在同一个家庭中，知行彻底合一的情况非常罕见。"因此，**孩子不会与支配我们社会的性别规范和规则彻底脱节**。接受平权教育不会让男孩成为外星人，只会让他们更能够与这些规则保持距离，并大声反对性别歧视。

随机应变的孩子们

事实上，对孩子们来说，性别问题和其他问题一样：**从很小的时候起，孩子们就面临着不同的、有时甚至是对立的社会规范，而他们早就学会了如何应对**。因此，一个喜欢在家里涂指甲油或打扮成公主的小男孩很快就会明白，他在暑期活动中心或同学家里不一定也能这样做。孩子们不只是在观察这些差异，他们也在试图理解，最重要的是，他们学会了如何应对这些差异。韦罗妮克·鲁耶举例说："在我的一个学生做过的某项研究中，一个小男孩告诉他，自己喜欢粉红色，而且他在家也总穿着一件这种颜色的T恤。但是，他并不打算穿这件T恤去上学，因为会被同学们嘲笑。"

当意识到因为社会环境的不同，其中所包含的期待和规则也有所不同时，孩子们就会根据环境采取不同的应对态度。**请相信，孩子们有足够的社交智慧**。"孩子不是根据性别而塑造的泥人：他自己会根据自己所面对的不同标准来构建表征、发展行为。出于某些原因，他会采取符合周围规范的行为，而在其他情况下，他又会选择不遵守这些规范。"就像小变色龙一样,孩子们会适应他们所处的环境。他们在家里接受的平等教育和在外面听到的性别歧视规则之间,有时存在着巨大的差距,因此他们会周旋、试探和观察……同时锻炼自己的批判性思维和适应能力。所以说,这些差距也是有益的。当然,前提是我们要让他们有发言权。

倾听孩子们的心声,好好听听他们对我们说的话。如果他们表达了想要遵守性别规范的愿望,那可能是因为他们有充分的理由要这样做。"在我开展的与儿童性别相关的表征和行为研究工作中,常常出现的一个情况是:孩子们很早就会敏锐察觉到别人看待他们的方式。"韦罗妮克·鲁耶继续解释。如果儿子告诉我们,他想穿淡紫色球鞋去上学,并且毫不在意别人对他评头论足,那自然是好事。但是如果儿子告诉我们他因为戴发夹被羞辱了,因此他再也不想戴发夹了,这就要引起我们的注意!

尽管某些孩子有强大的意愿和性格去拥抱不符合性别规范的审美,但更多的孩子可能会发现,与社会主流规范脱节会让他们生活得更艰难。我们要根据他们的性格、弱点或他们可能遇到的困难(来自心理、身体、家庭、社会),对他们采取不同的态度。例如,对于一个交友困难的男孩,可能就要建议他将带有亮片的T恤和串珠手镯留在家里,因为这些东西会让别人嘲笑他。对于一个抱怨因为自己背"少女"书包而被同学欺负的男孩,可能需要建议他定制或更换其他书包。**让我们拒绝教条主义，从实际情况出发。**

当孩子们拥抱偏见时

可以肯定的是，即使我们对刻板印象围追堵截，即使我们尽可能地教给他们平等观念，总有一天，男孩们还是会双脚跳入性别偏见的沼泽。就像他们的堂兄弟一样，他们也会盲目追捧《汽车总动员》和《蜘蛛侠》。就像他们的朋友一样，他们也可能想要练出肌肉，并循环播放硬核说唱。正是这些可能，让我们这些女性主义父母感到非常无助！

我们应该更加警惕吗？还是我们遗漏了什么？都不是，这是他们成长过程中非常正常的一个阶段。遵守性别规范不仅是受外部因素影响的结果，也受孩子们所处的发展阶段的影响。在大约五岁到七岁时，儿童会表现出对性别角色的强烈依恋，因为他们还没有形成所谓的"性别恒定"。例如，他们认为作为一个女孩与拥有长发有关。"由于他们认为自己及他人的生理性别均是由社会语境（如外表、玩具、活动等）决定的，他们会极为注意自己及他人对社会性别规范的遵守，以避免弄虚作假，真正地表现为其性别群体里的小孩的样子。"社会心理学博士安妮·达夫隆-诺韦列在她的《女孩，男孩：不同的社会化？》[3] 一书中如此解释道。

在七岁到十二岁这一时期，孩子们会允许自己跳脱出女孩和男孩的社会角色框架，这更有利于他们与刻板印象保持距离。但在十二岁左右进入青春期后，孩子们在面对性别规范时又会重新变得有些"刻板"。[4]在这个经常与父母发生冲突的年纪，他们也更在意他人对自己的看法。为了寻求别人的赞同，也渴望被同龄人接受和认可，青少年会让自己的行为更符合群体规则和被频繁提及的刻板印象。

的确，有时候孩子很让人头疼。在为人父母的我们看来，所有我们试图反对的，他们都要试一遍。当然，没有人强迫我们必须同意孩子的所有要求。但我们也要记住，以反对性别歧视的名义坚持一个死板严苛的立场是徒劳的。**强迫儿子穿粉红色，或者等他更大一些时，只因为他最喜欢的歌手有着明显的厌女症，你就禁止他听这位歌手的歌……这些做法都可能会导致结果适得其反。**

我们的目的并不是要把反性别歧视的斗争变成引发日常紧张感的话题，我们要做的是尝试开启并维持在这一话题上的对话。韦罗妮克·鲁耶强调："就这个问题来说，和其他许多问题一样，成年人希望给孩子解释清楚一些事情。但在开始之前，更重要的或许是询问孩子的意见，了解孩子看待事物的方式，而不是试图把自己'现成'的想法和命令强加给他。"要记住，即便某个孩子试着去遵守性别刻板印象，他也很有可能会在之后摆脱它，尤其是在他接受过平等主义教育的情况下。**问题不在于孩子们在某个特定时期遵守带有性别歧视的规则，而在于他们只有这一种规则可以用来参照。**

从反性别歧视的角度教育男孩，能让他们有机会质疑并摆脱性别规范的支配。我们可以向他们展示另一个世界的可能，但不能代替他们思考：这些平等原则是否适用于自身更取决于他们自己的想法。作为父母，我们为真正的自由和可能的平等奠定了基础，播下了解放的种子，这就够了。之后，就交给他们自己去培育吧。

2.
一定能养育出女性主义儿子吗?

妇女解放运动活动家们的儿子们

也许,比女性主义母亲更不被人熟知的是她们的儿子。"第二次妇女解放运动"中那些激进分子的儿子们后来怎么样了?他们是否真如我们偶尔听到的那样,在所接受的教育中"找不到北"?或者是否正相反,他们将父母给他们反复灌输的平等价值观内化了?社会学家卡米耶·马斯克莱对这个问题充满兴趣。为了撰写关于女性主义家庭传承的论文[5],她寻访了一些这样的男性。她首先观察到的一件事就是,他们并没有因所受的教育而"受到创伤"。在我与卡米耶·马斯克莱的会面中,这位研究者向我证实了这一点:"我遇到的这类男性在这个问题上表现出了不同的特质和立场。虽然不是所有人都成了平权活动家,但总的来说,他们对两性平等并不排斥。"

他们都在不同的程度上接过了上一辈传承下来的某些东西,即便是那些对自己父母批判得最厉害的人也不免于此。在她采访的男性中，只有一位对妇女解放运动及其遗产持反对态度。这位男性是"五月风暴"[1]参与者的后代，父母的离异在他内心留下了烙印，加上深受多年的贫困社区生活之苦，他最终站到了家人的对立面，并彻底拒绝了他们的价值观。然而，这位四十多岁的男士还是接纳了某些原则。比如，对他来说，女性无疑有权自由处置自己的身体，她们的堕胎权也是如此。他还表示："我认为我不应该干预与女性有关的事情。"[6]这句话证明了他所接受的教育确实在他身上留下了印记。

统观卡米耶·马斯克莱遇到的男性，无论只是单纯、笼统地持有反性别歧视的价值观，还是采取了真正的平等主义做法，他们都以不同的方式继承了女性主义的理念。如今，这些对女性主义的传承正通过不同的形式被表现出来。其中一位男性表示，对平等的承诺意味着每天做饭并分担家务，就像他的父亲一样。另一位男性则解释说，自己放弃工作是为了照顾三个孩子。他们中的一些人甚至直接宣称自己支持女性争取平等权利。基于

---

[1] 指发生于 1968 年五六月的法国学生运动，旨在反对官僚主义、资本主义、消费主义、美帝国主义，以及反越战等。由于法国政府的暴力镇压，运动由初期的学生主导迅速扩散到工人阶级中，在约七个星期的时间里，法国出现了大量的总罢工、游行、占领大学及工厂的行动，几乎导致当时的法国政府垮台。"五月风暴"是法国在 20 世纪最为重要的社会运动，也被视作法国文化、社会及道德上的转折点，它深刻影响了随后于 1970 年代蓬勃发展的法国妇女解放运动。

他们的个性、亲密关系史和个人经历，这些男性并非都从各自的家庭传承中保留了相同的东西。不过，即使他们所接受的平权教育不一定会使他们成为坚定的、争取性别平等的活动家，事实也证明，这种教育并不是白费力气。

他们会更倾向女性主义吗？为什么？

虽然这些男性的父母都希望他们能对性别歧视更加关注，但他们也没有全都成为女性主义者。当然，他们自我构建的方式中有一部分可以通过家族历史和个人经历来解释，但这同时也与他们所处的整体环境有关。社会学家卡米耶·马斯克莱认为，平权**教育不仅关系到教育实践**，"除了父母手边能够运用到的东西（比如玩具、童书等），其他更为琐碎的事情也能在平权教育上发挥作用，比如家庭的育儿模式和做法——虽然父母并不总是能做到言行一致；还有影响家庭环境的因素（例如，母亲有几个好朋友是女性主义者）；又或者，通过书籍、对话使女性主义在家庭中随处可见"。这一结论向我们揭示了两件事。首先，养育女性主义男孩的责任不应该只落在父母的肩上——整个社会都必须支持这一行动。其次，最好可以让人们通过多样化的方式了解女性主义，比如一场反性别歧视的戏剧，一个呼吁性别平等的节日活动，或是一个关于历史上伟大女性的展览等。

在数年研究得出的结论的基础上,卡米耶·马斯克莱还强调了**外部联系的重要性**(如家族、朋友、社交网络、大学院校的性别研究……)。这些"盟友"通过支持,甚至是更新在家庭领域发展起来的话语和实践,在孩子接受父母的女性主义思想传承方面起到了真正重要的作用。因为孩子们很快就会进入更加复杂的世界(例如学校)去发展自己,在那里他们所听到的与在家中所听到的完全不同,因此上文所提到的外部联系就显得更为重要了。对此,这位社会学家举了一个例子加以说明:"我想起了一个男孩的例子,他的父母都是很坚定的女性主义者,但他从小就在一个非常典型的男孩群体中长大(他们常常参加体育运动、踢足球等)。最终,他形成了非常传统的男性气质。"

另一方面,今天积极反对性别歧视的男性,往往都与那些在性别议题上活跃的人物有过交集:号召女性解放且言辞犀利的阿姨、身为女性主义者的女友、人权活动家朋友,或是非常重视性别多元的体育老师……"(女性主义的)成功延续,往往靠的是多方面的共同努力。"卡米耶·马斯克莱补充道。即使他们身边没有女性主义者,也不会错过被影响的机会!因为有时只需要读一个动人的故事,看一本有冲击力的书或是遇见一个性格可爱的人,就会让一个有平等意识的男孩也决定加入争取平等的战斗。

让我们告诉孩子们:不,女性主义不仅仅是1970

年代的老派活动家或者"妈味"十足的东西,它也是尼日利亚作家奇玛曼达·恩戈兹·阿迪契的畅销书、维尔日妮·德庞特（Virginie Despentes）的摇滚文学或碧昂丝的现场演出,还是艾玛·沃特森、演员马克·鲁法洛、喜剧演员韦里诺（Verino）或说唱歌手诺基亚公主（Princess Nokia）的发言。性别平等不仅是热门话题,还是很酷的事情!

男性如何倡导平等

惊讶也好,不相信也罢,总之,身为男性的女性主义者确实存在!从19世纪末争取性别平等开始,就一直有男性与女性一起进行活动。为了争取女性的投票权、堕胎权,为了分担家务劳动或反对家庭暴力,更是为了结束男子气概的统治,这些男性一直在行动。他们是如何成为女性主义活动家的?是什么促使他们在生命中的某个时刻参与到这一似乎与他们没有直接关系的事业中的?社会学家阿尔邦·雅克马尔（Alban Jacquemart）想了解这种"在统计中占少数且社会中不太常见的现象"的根源,并为此专门撰写了一篇论文。[7] 在这篇论文中,他主要关注的是从1870年法兰西第三共和国建立起至今出现的积极争取性别平等的男性——他们充满激情又富有启发性。

且不管这些男性所处的年代和他们的画像如何,在他们参与到这一事业的过程中,有两个因素是必不可少的。**他们从童年或青年时期就敏锐地意识到了女性的权益问题。**"要么是因为他们离女性的世界很近,在被女性抚养长大的过程中,他们近距离地目睹了男性统治的后果。要么是因为在学习或工作中,他们也经历着女性所经历的不平等。在很大程度上他们能够感知到女性的感受,在人生的某个时刻上,他们觉醒了。"在电话中,他这么告诉我。

然而,意识到不平等并不足以解释为何他们要采取行动。赞成性别平等是一回事,投入时间、精力(有时甚至是金钱)来捍卫它则是另一回事!通常,**决定积极参与这项事业的人从前都有过作为激进主义者的经历。**"几乎所有人都(在政党、工会、社会运动等中)积极参与过活动。在这些早期的政治性参与中,他们与有组织地进行斗争的女性主义者相遇了。通常来说,有这一次相遇才会有他们后来的参与。"阿尔邦·雅克马尔继续说道。无论他们是在一个有政治背景的家庭中长大,还是曾在大学里学习过政治,或者是加入了工会,这些女性主义者都有一个共同点:他们首先都是行动者。

但他们的参与程度也取决于他们所处的社会政治背景。**妇女解放运动的可见度越高,男性参与的可能性就越大。**"如果我们处于一个女性主义是地下的,且只能得到少数边缘团体支持的时期,而政治和媒体领域对这些问题又缺乏兴趣,那么行动者们将不太有机会与妇女解放运动相遇。"阿尔邦·雅克马尔强调说。相反，激进活跃的时期将促进斗争的融合并促使男性支持妇女解放斗争，正如目前在西班牙，"愤怒者"运动和反对经济紧缩政策的动员成了重新点燃妇女解放斗争的导火索。

最后，这些男性的父母是否是女性主义者与他们的参与意愿几乎没有什么关系。阿尔邦·雅克马尔进一步指出，他们中只有少数人的母亲是激进的女性主义者。一方面，正如他所说的那样："**并非所有女性主义行动者都会培养出好斗的孩子，相反，也并非所有女性主义行动者都是女性主义者的孩子！**"另一方面，阿尔邦·雅克马尔接触的近半数的被访者都表示，他们曾接触过摆脱了束缚的女性，以及（或）他们是在比较能够践行平等观念的家庭中长大的。这表明，他们童年时期所遇见的标杆也影响了他们后来的道路。

女性主义者想要什么？

但最根本的问题是：身为男性的女性主义者在这场战斗中得到了什么？为什么这些男性要参与废除父权制（以及随之而来的男性特权）的斗争？参与在这种会让他们遭受嘲笑和批评（甚至包括来自女性主义者群体的嘲笑和批评）的斗争，能让他们获得什么样的满足？阿尔邦·雅克马尔对这些男性女性主义者所表现出的显而易见的矛盾兴致盎然。经过仔细观察，他最终将受到不同动机驱动的男性女性主义者分为了两大类。

其中一类男性属于"**人文主义论调**",他们对经济、社会、环境中的不公正非常敏感。他们既捍卫妇女的权利,也反对种族主义,反"恐同",并为儿童权利或生态环境进行着斗争。"男女平权议题是更宏观的政治议题的一部分。对这类人来说,重要的是实现更平等的社会所带来的满足感,以及为整体事业添砖加瓦的事实。"这位研究者这么描述。

另一类则是那些将自己置于"**身份认同论调**"中的男性。他们主要谴责的是分配给女性和男性的社会角色,并动员更多的人反对性别刻板印象。"在这种情况中,性别认同问题才是他们投入这件事的逻辑的核心,但这并不意味着性别平等问题会被搁置。基于个人经历,这些男性宁愿将女性主义视为一种对自我实现的支持,它能使男人和女人都摆脱性别规范的重压。"阿尔邦·雅克马尔继续说道。

终有一天,这些男性会退出舞台。

与一直在战斗的女性主义活动家有所不同,多数情况下,性别平等只是他们激进主义旅程中必经的一步。**但即便如此,当他们停止战斗时,他们仍然是女性主义者,仍用自己的方式践行女性主义。**"有些人会坚定自己的女性主义意识形态。他们会持续关注妇女解放运动及其相关问题,阅读与该主题相关的研究论著。这成了他们思维方式的一部分。"这位社会学家说道,"还有一些人表示,他们会通过私人生活或职业生涯以另一种方式积极行动，比如，注意分担家务，或确保他们妻子的事业不会被置于家庭的次要地位。"

通过关注女性的发声，通过大声驳斥玩笑和性别歧视言论，通过申请育儿假……无论是在咖啡机前，还是在家长会上，这些男性都在继续捍卫着性别平等。事实上，他们的做法恰恰表明了女性主义者不是只有激进。不仅如此，他们还提醒了我们，男性也可以在日常生活中采取具体行动，结束影响着世界各地女性的不平等和暴力现象。

3.
来自男性的声音

想要两性平等,男性是女性不可或缺的盟友

2014年9月,联合国妇女署发起了"他为她"[8]运动,呼吁男性参与争取性别平等的斗争。这个运动由女演员艾玛·沃特森代表发言,通过在社交网络上转发"#他为她"(#HeForShe)的方式进行,得到了许多男性名人(如演员马特·达蒙、歌手法瑞尔·威廉姆斯、时任美国总统巴拉克·奥巴马)的支持。2015年,联合国妇女署又一次以"他为她:影响力10乘10乘10"(HeForShe Impact 10×10×10)为名重启动员,这次更多的是在鼓励政治、经济和学术决策者成为变革的推动者。一年后,法国女性权利团体"若尔热特·桑"[9]发起了口号为"男性女性主义者"[10]的活动,以拍摄香水广告的方式,特写了那些致力于打击性别歧视和厌女症的男性。这种方式也提醒了我们,**男性也可以是女性的盟友。**

19世纪末,女性权利协会(l'Association pour le

droit des femmes，1870年）的联合创始人莱昂·里歇尔（Léon Richer）正是当时抗议活动的主要组织者之一，以至于他被认为是"妇女解放之父"。（顺便提一句，我们从来不提"妇女解放之母"！）1910年，作家让·约瑟夫-雷诺出版了《女性主义入门》一书，这是一本充满幽默感的小册子（最近又被重新出版了[11]），其中驳斥了厌恶女性的观点，抨击了关于争取女性权利者的偏见——憎恨男性，妄图将女人男性化，或者直接想将世界推向毁灭。

几乎是同一时间，以世俗人道主义而闻名的费迪南德·比松（Ferdinand Buisson）与其他三名男性共同创立了妇女投票权选民联盟（la Ligue des électeurs pour le suffrage des femmes，1911年）。在当时，女性仍被视为另一种未成年人，**正是这些男性帮忙提高了公众对赋予女性权利的必要性的认知**。凭借自己拥有的而女性被剥夺的（经济、政治或大众传媒的）权利，**他们响应了女性的诉求**，有些人甚至不惜为此违反法律。比如1970年代的一些医生，为帮助想要堕胎的女性而加入了堕胎和避孕自由运动（MLAC）。

有些男性已经在为争取性别平等而进行斗争，并且仍然在各处持续斗争，还有一些男性则是正在努力实现事实上的性别平等——真正的平等。比如1970年代由男性创立的男性避孕研究与发展协会[12]（Ardecom）就是在致力于使节育不再是女性的专属责任。1997年至2013年间，混合城市协会（Mix-Cité）的男性成员和女性成员就不同主题开展了多次运动和动员，包括反对性别歧视玩具、反对真人橱窗模特的使用、反对强奸等，以提高公众对性别歧视和暴力侵害妇女行为的认识。至于网站"大男子主义清零"[13]，自2011年以来它就一直在汇集"致力于反对卖淫和争取平等的男人"。可以说，对男性来说，随时随地都有能为争取平权做的事！

当然，男性的参与有时也会让某些人咬牙切齿。**即便是男性女性主义者，也免不了会有性别歧视的时候**，他们经常会被指控掩盖甚至剥夺了女性的声音。无论他们如何进步和有学识，他们都有可能对遇到的女性表现出家长式的居高临下的态度，或在社会工作中再现男性统治机制。

尽管如此，事实仍然是，**这些人就算受到了批评，也还在努力使世界变得更公平**。无论他们称自己为"支持女性权利者""反性别歧视者""反父权制者"以及比较简洁的"盟友"，或是更加直白地叫自己"女性主义者"，他们都在提醒我们，两性平权不仅和女性有关。为了实现平等，男人也必须尽自己的一份力。男性有权利——更或是责任——去推翻性别歧视和男权统治。只有各司其职，各尽其力，才能带来改变，才能推动社会进步。

朱利安·巴尤：我即是"证据"

三十八岁的朱利安·巴尤（Julien Bayou）是那些致

力于反对性别歧视的人之一，他供职于非营利组织，是欧洲生态绿党的发言人、巴黎法兰西岛大区议员。作为一名身兼多职的活动家[14]，尽管他表示男女平等的原则对他来说一直是"既定事实"，但他也是直到二十多岁才开始称自己为"女性主义者"。"在我的家庭中，女性享有同样的权利是理所当然的，如果她们没有，我们就必须朝着这个方向采取行动。"虽然他的祖母从未宣称过自己是女性主义者，但她是1960年代末第一批成为市长的法国女性之一（她曾担任了十四年的村议员）。他对自己的母亲知之甚少，但知道她参与了1970年代争取堕胎权的运动。"我们家族中有一种无意识的传承，就是为性别平等而战。"朱利安·巴尤说。

尽管有着家庭传承，但直到与一位女性主义者相恋后，他才自称是女性主义者。"我和她在讨论时总是能达成一致，正因如此，我才意识到我也是一个女性主义者。"他在电话中告诉我。早前他已经为争取住房、实习、工人保护、生态等权益而参与了不同的活动，如今他又投身到一个新的领域并为之发声。"我参加了'敢于同女性站到一起'（Osez le féminisme）的活动，与'胡须'社团（La Barbe）一起开了几场动员会，还参加了许多争取堕胎权和同工同酬的示威活动。"他解释道。自2015年以来，他还一直与女性主义协会"胆大妄为"（Les Effronté-e-s）的创始人法蒂玛·比诺马尔（Fatima Benomar）一起抗争，要求法国政府公布因不遵守性别平等义务而受到处罚的公司名单。

他于2000年代末加入了环境运动，在这里，他的女性主义信念也同样得到了回应。"在环境运动中，平等的概念非常重要。为了能真正平等地选出党派代表，长久以来，我们都在采用性别均等的选举方法。"他说道。在内部集会期间，发言权在男性和女性之间平均共享。同样，发言人的角色总是分别委托给一位男性和一位女性。几年来，朱利安·巴尤一直与桑德兰·鲁索（Sandrine Rousseau）一起担任这个角色。后者是2016年自曝被法国国民议会副议长丹尼斯·鲍平（欧洲生态绿党前成员）性侵犯的女性之一。这在当时是爆炸性的新闻，包括对朱利安·巴尤而言也一样。他坦言道："我被她和其他敢于发声的女性的勇气所打动，但同时我也看到了团体机构对正在发生的事情视而不见，这让我印象深刻。"

随着时间的推移，他的想法也在不断变化，但他从未停止对平权运动的投入，还在各个公共机构的门前发表自己的看法。**他对不平等的敏感性和他对统治机制的了解也影响了他在日常工作中的一言一行。**例如，当被邀请接受媒体采访时，（通常情况下）他会毫不犹豫地指出嘉宾都是男性，或者他会把他的位置留给女性同行。他还说，他十分注意不要打断与他同台的女性演讲者的发言——这是一种与"**男式打断**"[15]作斗争的方式。"男性打断"特指男性不断肆意打断女性发言的行为。同样，当他代表他工作的非政府组织面试时，他对性别问题"特别警惕"。"面对女性时,我会尽量避免马上作出判断。因为与男性不同,女性求职者通常会淡化自己的资历。"他根据自己的经验指出。

正如他自己所说,在以上这些思考与行动之外,他仍然有"一千个需要改进的地方"。"我是按照男孩的成长路径长大的,因此我身上仍然有很多需要改进的地方。例如,面对家务,我很难做到'眼里有活'。有时在约会时,我也可能显得没什么情商。但我希望我在进步。"他承认道。在挂断电话之前,他强调道:"我的做法算不上勇敢。我既没有充当祭司,也没有成为祭品。"很明显,是这样的。

托马·朗瑟洛-维昂奈斯:我的"日常"践行

托马·朗瑟洛-维昂奈斯(Thomas Lancelot-Viannais)刚刚摘下他的激进主义帽子。四十八岁的他是1990年代后期出现的反性别歧视协会"混合城市"的联合创始人,现在则是巴黎一所高中的高级教育顾问以及两个孩子的父亲。虽然如今他确实没有太多时间去组织抗议活动或通过占领玩具店来谴责性别营销的影响,也不再频繁地投身于平权活动,但他仍然是一个坚定的女性主义者。他还提到,自己从年轻时就意识到了性别不平等的问题。

"我的初中是一所男校,而我就读的位于阿尔比的高中过去曾是一所女校,当时学生中大约有80%是女孩。学校规定,班主任要在每个班级指定一个女孩和一个男孩作为班级代表。出乎我意料的是，我被选中了。"他回忆道。一波未平一波又起，他又和其他四名学生一起被选入了高中理事会，而所有入选的学生都是男生，但是不要忘了，这可是一所女生占比为80%的学校。"这个问题随即被指出，就像女孩在文科生中的比例过高而在理科生中的比例过低一样。"他继续说道。托马·朗瑟洛-维昂奈斯被指派负责调查该问题，他随即便开始着手处理相关材料。那是1989年，当时还是年轻人的他意识到了，自我审查和性别隔离的影响无处不在。

但早在此之前，托马·朗瑟洛-维昂奈斯就已经意识到了女性面临的困境。他七岁时父母就离异了，他和两个兄弟都由母亲抚养长大。一个没有文凭还带着三个孩子的独身女性，在生活中不得不面对各种无法避免的困难，因此她无意让自己的儿子成为只擅长被服务的大男子主义男孩。"我没有被鼓励做一个有男子气概的男孩，更何况在成长过程中，我父亲的形象只是作为一个陪衬而存在。"托马·朗瑟洛-维昂奈斯回忆道。长期戴着两个耳环、留着长发的他，既没有踢过足球，也没有打过橄榄球；至于服兵役，则是在国防部担任文职工作。通过这一非典型的路径，他得以在男性模式的边缘塑造自己。

如今，托马·朗瑟洛-维昂奈斯将他的两性平权理念付诸日常行动之中。"私人领域是男性统治的核心地带。"几年前他曾在《解放》杂志上这么说。所以他决定从给孩子的教育开始，基于这一阵地展开抵制行动。他和妻子都很重视提供给孩子们的图书、电影、活动体验或玩具,他们尝试控制性别歧视的刻板印象给孩子们带来的影响。这是一项长期的任务。"我们会尽我们的所能,就算有时摩比世界[1]会赶在我们之前。"他笑着承认。他深知这场反对性别歧视的斗争与家庭有关。"我敢打赌,我儿子心中父亲的榜样就是会带他去音乐学院,会接他放学,会陪他做家庭作业的父亲。"这位言传身教的父亲说道。**他们重新分配了传统中女性和男性的社会角色**。在托马·朗瑟洛-维昂奈斯家,是丈夫忙前忙后,比如负责采购杂货和参加家长会。托马·朗瑟洛-维昂奈斯特别指出,在家长会上,他几乎总是唯一的男性。他说:"我太太比我年长,受过更多教育,她的收入也比我多,这决定了我们的家庭管理方式。再说了,即使分工不对称,这种情况也可以让我们更切实地思考性别平等的问题。"

他很清楚身边的人怎么看他:有的人不太理解他的选择。"作为教育顾问,我接受我的收入比我妻子的少,也接受我的社会地位不如我们的朋友或者熟人。"他给出了答案。是的,**作为一个男人,推动(真正的)平等意味着必须放弃某些男性特权**。对托马·朗瑟洛-维昂奈斯来说,这是他自愿接受的。"我不追逐金钱与豪车……这些对我来说已经不是问题了。"这位四十多岁的男士表达道,并继续指出,"如果我没有形成这些观念,我的自我认识

---

[1] 原产于德国的知名组装情景游戏。

可能会很糟糕。我一定会追求一种由男性身份认同所构成的社会认同感。但我认同的是我的平等和非男子气概的原则，因此我现在内心很放松。"托马·朗瑟洛-维昂奈斯言行一致，他直言不讳地强调：他是一个女性主义者，最重要的是，他对此感到很自在。

柯克·巴亚马：解构大男子主义

记者柯克·巴亚马（Kirk Bayama）起身反对男性统治并非命中注定，他踏上性别平等之路几乎算得上是偶然。当时，他还是一名就读于新闻系的学生。一天晚上，当他在用脸书时，偶然发现了一篇关于"烫胸"的文章。这是一种在喀麦隆很常见的习俗[16]，人们用炙热的，有时甚至是正在燃烧的物体熨烫年轻女孩的乳房，以抑制她们乳房的发育，从而防止引起男人的觊觎。如今，在喀麦隆，至少有十分之一的女孩仍在接受这种残忍的习俗。[17]然而，和我们中的许多人一样，柯克·巴亚马从未听说过这种习俗，甚至当他在喀麦隆生活时也没有。"十三岁到十六岁时我都在那边生活，后来才到的法国。"出生于金沙萨（刚果民主共和国）的他解释说。柯克·巴亚马就这样被他刚发现的事情震撼了，并随即开始资料的收集和编译工作。后来，他拍摄了纪录片《我们的乳房置我们于险地》（*Nos seins nous exposent*）。

"刚开始，这个项目主要是想在传媒领域中获得一席之地。"他承认。但是这个主题推赶着他,让他的生活发生了天翻地覆的变化。通过深入研究现实中的"烫胸",与受害者见面,**柯克·巴亚马窥见了男性暴力的程度——在喀麦隆,但也不仅仅在喀麦隆**。"正是研究这个主题让我开始怀疑我所接受的教育。"他说。

他回忆说:"在我年轻的时候,对我来说,妻子因为没有按时做饭或采购杂货就被丈夫打是很正常的事情,女人顺从于男人也是很正常的。男人做决定天经地义,没有可商量的余地。"他曾认为,男孩控制女孩的穿着,或侮辱不听话的女孩也都是正常的。**他曾经有过这些大男子主义行为,如今却在与它们作斗争**。因为现在他知道了,从常见的性别歧视开始的连续行为最终会导致对女性的暴力。"'烫胸'就是这一切造成的后果。但是,一个人怎么能做到对这种暴力视若无睹呢?"他问。

现在,柯克·巴亚马已经觉醒,并开始谴责和反对将暴力侵害妇女行为合法化的支配关系。为此,他创建了"团结一致"(Tous unis)小组,号召人们抵制针对妇女的暴力行为,并组织了关于家庭暴力或两性平等的集会,以吸引男性公众的注意。这个小组的目标是:**鼓励男性正视、谈论并思考男性统治的问题所在,最好带动他们与男性统治作斗争**。因为确实,要真正结束对女性的暴力行为,就必须先攻击父权制的根基。除了男人,还有谁能更好地完成这一任务呢?

柯克·巴亚马每天都坚持对自身的"解构工作"。这并不容易。他自己也承认,仅仅在几年前,他还是一个"大男子主义者",就是那种会歧视、冒犯女性的人。而现在,**他所有的努力都是为了自我的更新、提升,以摆脱旧习。**"以前,我常常对女性的外貌评头论足,现在,即使我想,我也会克制住自己。"他看待女性的方式改变了,与她们交流的方式也改变了。这位记者指出:"不要打断女性,让女性表达。也不要再使用某些含有性别歧视或侮辱性的词了。"

他也检讨了自己在伴侣关系中的习惯。他说,对于他的伴侣,他不再强求自己一定要在言语上占上风,尤其是当错的一方是他时。此外,他也在尝试更多地倾听女性的声音,尽管不得不承认,有时他也不知道该做出何种反应。他坚信:"当我明白了过去我与女性的相处中存在一种支配关系时,我就必须在行动前多加考虑,以确保自己不会回到过去的模式。找到自己的位置并不总是那么容易。但随着时间的推移,它会变得更自然而然。"

事实上,女性主义不仅改变了他与女性的关系,也改变了他与男性的关系。"通常,和男人们在一起时,如果话题有关女人,我就总能听到性别歧视的、贬低女性的言论。我现在无法容忍这一点,所以每当这种情况发生时,我会立刻大声、清晰地表达我的观点。"这位三十来岁的年轻人说。身为男性而谴责其他男性的性别歧视言论或彻头彻尾的厌女言论——男人也可以具体地捍卫平等!对此,柯克·巴亚马很是清楚。他在电话中继续说道:"我不是来向女性解释为什么她们应该争取女性权利的! 我的任务是向男性喊话。"所以,**曾经的大男子主义者也可以为女性发声**。正如我们所说的:改变世界永远不会开始得太晚!

觉醒的占着优势地位的男性,女性主义者们的儿子,媒体中的行动者,某位不知名的男性……如今,他们都在努力解构性别歧视机制。在或嘲笑的、或讶异的、抑或钦佩的目光中,他们去接孩子放学,承担家务劳动,改变朋友的性别歧视观念,重视女性的声音。总之,他们都在试图将自己的平等原则付诸实践。在这里,我们所谈论的不是某个罕见的完美男人——那种你在现实生活中从未遇到过的完美男人。在这个充满性别歧视的世界中成为女性主义者,尤其是还要去化解根深蒂固的性别歧视教育,意味着他们要对自己提出苛刻的要求。但这同时也给他们带来了好处,特别是使他们摆脱了男子气概强硬的指令。通过拒绝让自己受制于性别的枷锁,这些男人可以培养出一种从容的男性气质,摆脱必须有所成就的义务。这是一种不需要通过贬低女性以拔高自己的男性气质,一种最终使真正平等的世界成为可能的男性气质。

结语

再见！男孩工厂

一个杯子里装了半杯水,悲观者只能看到杯子没有装满——真正的男女平等还远未实现;乐观者看到的是杯子里已有半杯水了——知道男女平等是完全有可能实现的。

男孩们并非注定要延续男性统治,我们更没有必要让他们继续困在这种狭隘而残缺的男性视野中。虽然我们没有挥一挥魔杖就让性别歧视消失的魔力,(真这样的话就好办了!)但我们可以武装他们,让他们自由自在地成长并丰厚自己,摆脱老派男子气概的枷锁。

性别刻板印象会限制男孩的眼界,但通过日复一日地解构性别定型观念,我们可以控制性别刻板印象的有害影响。通过打破性别歧视的禁锢,男孩更有机会探索人类活动的方方面面,充分开发潜力、表达个性。通过远离神圣不可侵犯的男子气概模式,远离它对表现力和支配力的崇拜,可以防止男孩落入有毒的男性气质的陷阱。通过揭开男女关系的神秘面纱,他可以与异性建立更丰富、更平等的关系。以平权的观念养育男孩,不只是教会他什么是性别歧视,更是提供给他成长为一个更自由的男人的可能。他可以以多元的、无偏见的方式活出自己,既不歧视异己,也不畏惧平等。简而言之,他可以成为有可能改变世界的男人。

挑战传统的"男孩工厂"是一项长期的工作。甚至可以说,这是一场融入日常的战斗。难道不是吗?正在发生的一切并不亚于一场革命。就算它隐秘、悄然无声,也仍然是一场革命。改变男子气概的模式不只是一种愿景，更是必不可少的事业。没有这一改变，就不可能有平等。温斯坦性侵案和"#Metoo"运动提醒着我们：如果教育是把男孩养成小霸权者，那么让女孩警惕性暴力又有什么用呢？如果男人不承担起他们应做的家务，我们又如何才能结束家务劳动分配的不平等？如果我们继续在充满性别歧视的环境中养育男孩，又要如何构造出一个平等的世界？问题多到数不清，答案却只有一个：如果不让我们的儿子们参与进来，我们将无法做到真正的平等。换句话说，这些男孩子将决定未来能否结束对女性的不平等和暴力行为。

这场矛头直指男性气质的革命不是空想，它已经开始了。职场中、生活中，一些男人开始质疑性别规范，拒绝遵守男子气概的模式，践行（真正的）平等主义。"我相信我们正在见证一件了不起的事情的发生，即父职的转变。从欧洲到北美，我们能看到越来越多的年轻父亲与他们自己的父辈截然不同。他们不仅乐于帮助自己的伴侣，还希望能更多、更平等地参与到家庭生活中。"[1]加拿大知识分子、女性主义者迈克尔·考夫曼（Michael Kaufman）在接受《世界报》采访时高兴地说。在这场争取平等的战斗中，这些父亲发挥着至关重要的作用，他们通过自己所树立的榜样和给孩子的教育，最直接地影响着新一代男孩的出现。而比起上一代，这些男孩的性别歧视观念将更少，也更乐于支持性别平等。也许，我们所能给男孩的最好的祝愿，就是他们可以树立自己的性别平等价值观。

为了女人的利益，也为了男人的利益，儿子，你应该做个女性主义者！

尾 注

前言

1 Unicef, 2007, cité par le Haut Conseil à l'égalité entre les femmes et les hommes (repères statistiques).
2 同上。
3 Unifem, 2008, cité par le Haut Conseil à l'égalité entre les femmes et les hommes (repères statistiques).

第一部分

1 引自"法国儿童纵向研究"(Elfe), 该研究在法国国立人口研究所 (Ined)、法国国家健康与医学研究院 (Inserm) 和法国血液中心的共同指导下进行。此处为2014年的数据。
2 Insee, 2010.
3 Nils Muižnieks, "Les avortements sélectifs en fonction du sexe sont discriminatoires et doivent être interdits," Conseil de l'Europe, 15 janvier 2014.
4 Christophe Z. Guilmoto, "La masculinisation des naissances. État des lieux et des connaissances," revue *Population*, vol. 70, Ined, 2015.
5 "Fille ou garçon," Ipsos, 3 novembre 1994.
6 "Près d'un parent sur deux souhaite d'abord un garçon," 20min.ch, 17 avril 2013.
7 "Les parents féministes ne devraient-ils pas être heureux d'élever des garçons ?" Slate.fr, 13 mars 2017.
8 https://pouletrotique.com。克拉朗斯·埃德加-罗萨还出版了 *Les Gros Mots. Abécédaire joyeusement moderne du féminisme* (Hugo&Cie, 2016)。

9 "De filles en mères. La seconde vague du féminisme et la maternité," *Clio*, 1997.
10 Camille Masclet, "Sociologie des féministes des années 1970. Analyse localisée, incidences biographiques et transmission familiale d'un engagement pour la cause des femmes en France" (thèse en science politique et sociologie, universités de Lausanne et de Paris VIII, 2017). See also: "Camille Masclet et la transmission familiale du féminisme," *Nouvelles Questions féministes*, n° 1, vol. 37, 2008, www.cairn.info/revue-nouvelles-questions-feministes-2018-1-page-124.htm.
11 Ouvrage collectif, *Femmes et hommes, l'égalité en question* (Insee, 2017), https://www.insee.fr/fr/statistiques/2586548.
12 人民文学出版社，2019。
13 Feltrinelli, 2013.
14 "Chiffres clés 2017 des inégalités entre les femmes et les hommes," Secrétariat chargé de l'égalité entre les hommes et les femmes, www.egalite-femmes-hommes.gouv.fr/ les-chiffres-2017-des-inegalites-femmes-hommes/.
15 Clara Champagne, Ariane Pailhé et Anne Solaz, "Le temps domestique et parental des hommes et des femmes : quels facteurs d'évolutions en 25 ans ?" *Économie et Statistique*, Insee, 2015.
16 "Why I'm raising my kids to be feminists," Marieclaire.com, 11 octobre 2017.

第二部分

1 J. Z. Rubin, F. J. Provenzano et Z. Luria, "The Eye of the Beholder: Parents' Views on Sex of Newborns," *American Journal of Orthopsychiatry*, 1974.
2 J. Condry, S. Condry, "Sex Differences: A Study of the Eye of the Beholder," *Child Development,* 1976.
3 D. Reby, F. Levréro, E. Gustafsson, N. Mathevon, "Sex Stereotypes Influence Adults' Perception of Babies Cries," *BMC Psychology*, 14 avril 2016.

4 详见 Andrée Pomerleau et Gérard Malcuit, *L'Enfant et son environnement: une étude fonctionnelle de la première enfance* (Éditions Mardaga, 1983)。

5 详见 Véronique Rouyer, *La Construction de l'identité sexuée* (Armand Colin, 2007)。

6 L. W. Hoffman, "Changes in Family Roles, Socialization, and Sex Differences," *American Psychologist,* n° 32, vol. 8, 1977.

7 同第 5 条，详见 Véronique Rouyer 的著作。

8 "Formation à l'égalité filles-garçons : faire des personnels enseignants et d'éducation les moteurs de l'apprentissage et de l'expérience de l'égalité," Haut Conseil à l'égalité entre les femmes et les hommes (HCE), 2017.

9 "Égalité des filles et des garçons dans les modes d'accueil de la petite enfance," Igas, 2012.

10 详见 A. Campbell, L. Shirley, C. Crook et C. Heywood, "Infants' Visual Preference for Sex-Congruent Babies, Children, Toys and Activities: A Longitudinal Study," *British Journal of Developmental Psychology,* 2010。

11 Jean-François Bouvet, *Le Camion et la poupée: l'homme et la femme ont-ils un cerveau différent ?* (Flammarion, 2012)

12 约翰·格雷：《男人来自火星，女人来自金星》，吉林文史出版社，2010。

13 Rebecca Jordan-Young, *Hormones, sexe et cerveau* (Belin, 2016).

14 "En sciences, les différences hommes-femmes méritent mieux que des caricatures," lemonde.fr, 18 avril 2016.

15 "Le cerveau féminin réagit davantage à la générosité," Tribunedegeneve.ch, 9 octobre 2017.

16 "Pourquoi les femmes sont plus bavardes que les hommes," Slate.fr, 23 février 2013.

17 "L'homme plus intelligent que la femme ?" Sputniknews.com, 16 avril 2017.

18 "VIDÉO. Le cerveau des hommes serait plus monotâche, celui des femmes plus multitâche," Franceinfo.fr, 3 décembre 2013.

19 本书作者对卡特琳·维达尔进行的采访。

20 本书作者对卡特琳·维达尔进行的采访。

21 本书作者对卡特琳·维达尔进行的采访。
22 Philippe Testard-Vaillant, "Combien y a-t-il de sexes ?" *CNRS Le Journal*, 2 août 2016.
23 Scarlett Beauvalet-Boutouyrie et Emmanuel Berthiaud, *Le Rose et le Bleu. La fabrique du féminin et du masculin* (Belin, 2015).
24 *"Conversations" avec Françoise Héritier,* un film de Patric Jean, Black Moon, 2015.
25 Françoise Héritier, *Une pensée en mouvement* (Odile Jacob, 2013), p. 169.
26 K. Parker, J. Menasce Horowitz et R. Stepler, "On Gender Differences, No Consensus on Nature vs. Nurture," Pew Research Center, décembre 2017.
27 别忘了，并非所有男孩生下来都有阴茎。
28 mamanrodarde.com.
29 "Jouets et stéréotypes de genre, (un peu) moins de clichés en 2017," www.francebleu.fr, 24 novembre 2017.
30 "Jouets, la première initiation à l'égalité," rapport d'informations du Sénat, 2014.
31 "À Noël, on peut lutter contre les jouets sexistes," TV5 Monde, 2014.
32 "Mon fils, tu ne porteras pas de rose #infographie #halteauxstereotypes," Womenology.fr, 3 mars 2014.
33 Jo B. Paoletti, *Pink and Blue: Telling the Girls from the Boys in America* (Indiana University Press, 2012).
34 Monfilsenrose.com.
35 本书作者采访。
36 Scarlett Beauvalet-Boutouyrie et Emmanuelle Berthiaud, *Le Rose et le Bleu. La fabrique du masculin du féminin* (Belin, 2015).
37 本书作者采访。
38 她在"L'école sexiste par abstention. Production/reproduction des stéréotypes sexués: quelle responsabilité de l'école mixte?"一文中，以学校为背景谈到了这一点。本文收录于 Sandrine Dauphin et Réjane Sénac (dir.), *Femmes-hommes. Penser l'égalité* (La Documentation française, 2012)。
39 针对这个问题，可以参考给托儿所使用的户外活动工具箱

(Facebook: *Ouiti pour l'égalité*, ACEPP Rhône),法国教育部所辖的全国教学与发展资源网络为教育专业人士提供的工具(www.reseau-canope.fr),以及一致协会和儿童平等发展研究所所提供的相关培训内容。

40 对波尔多大学儿童发展心理学教授韦罗妮克·鲁耶进行的访谈。或参见 Anne Dafflon-Novelle (dir.), *Filles, garçons: socialisation différenciée?* (PUG, 2006)。

41 Fayard, 2017.

42 "Clitoridiennes de tous les pays, unissez-vous !" article de Maïa Mazaurette dans *Le Monde* daté du 17 décembre 2017.

43 Guillemette Faure, "Les enfants, premiers de corvée," LeMonde.fr, daté du 20 avril 2015.

44 "Faire participer son enfant aux tâches ménagères renforce les liens familiaux," Leparisien.fr, 21 février 2018.

45 本书作者采访。

46 *"Que regardent nos enfants,"* Étude Ipsos/Gulli, 10 novembre 2015.。

47 Rivka S., "Une journée devant Gulli," in Le cinéma est politique, 2016, www.lecinemaest-politique.fr/une-journee-devant-gulli/.

第三部分

1 他的专辑《治愈》(Cure)是2018年3月法国销量第一的专辑,详见:www.chartsinfrance.net/Eddy-de-Pretto/news-106318.htm。

2 Jean-Baptiste Fonssagrives, *L'Éducation physique des jeunes filles ou avis aux mèressur l'art de diriger leur santé et leur développement* (Hachette, 1869).

3 Mlle Clarisse Juranville, *Manuel d'éducation morale et d'instruction civique, à l'usage des jeunes filles* (7e édition, Larousse, 1911), http://gallica.bnf.fr/ark:/12148/bpt6k1247409/f5.image.texteImage.

4 Alain Corbin et Jean-Jacques Courtine, *Histoire de la virilité*, tomes 1 à 3 (Points Seuil, 2015).

5 本书作者采访。

6 Anne-Marie Sohn, *La Fabrique des garçons. L'éducation de 1820 à nos jours* (Textuel, 2015).

7 Maurice Godelier, *La Production des grands hommes. Pouvoir et domination masculine chez les Baruya de Nouvelle-Guinée* (Flammarion, 2009).

8 Olivia Gazalé, *Le Mythe de la virilité. Un piège pour les deux sexes* (Robert Laffont, 2017).

9 见 Pierre Bourdieu, *Esquisse d'une théorie de la pratique* (Points Seuil, 2015)。还可参见该作者的另一本书 *La Domination masculine* (Points Seuil, 2014)。

10 本书作者采访。

11 本书作者采访。

12 同第 8 条，见 Olivia Gazalé 的著作。

13 Éric Zemmour, *Le Premier Sexe*, J'ai lu, 2009.

14 同第 8 条，见 Olivia Gazalé 的著作。

15 本书作者采访。

16 Hanna Rosin, *The End of Men and the Rise of Women* (Penguin, 2013).

17 本书作者采访。

18 Michael Kimmel, *Guyland. The Perilous World Where Boys Become Men* (Harper Perennnial, 2009).

19 马克斯·韦伯，《新教伦理与资本主义精神》，上海译文出版社，2018。

20 本书作者采访。

21 本书作者采访。

22 "Le regard des Françaises et des Français sur l'égalité entre les femmes et les hommes," étude Kantar pour la Fondation des femmes, mai 2018.

23 《面具之下》(*The Mask You Live In*)，由珍妮弗·西贝尔·纽森导演的纪录片，于 2015 年上线。

24 www.youtube.com/watch?v=kVDzh04aHtI

25 www.youtube.com/watch?v=aSAeOhCrv_s

26 Observatoire national du suicide, 2016.

27 详见 Philippe Roy, "'Je n'ai pas de honte à avoir besoin d'aide' : la négociation des normes masculines chez les hommes suicidaires,"

in *Intervention*, n° 135, 2008。

28 Sécurité routière, ministère de l'Intérieur, 2018.
29 同上。
30 同上。
31 Statistique mensuelle des personnes écrouées et détenues en France, ministère de la Justice, juin 2018.
32 http://stop-violences-femmes.gouv.fr/IMG/pdf/Lettre_ONVF_8_-_Violences_faites_aux_femmes_principales_donnees_-_nov15.pdf
33 "Les décès par surdose. État des lieux en France et comparaisons européennes," Observatoire français des drogues et des toxicomanies, 2016, p. 31 (chiffres de l'année 2013).
34 "The ABC of Gender Equality in Education. Aptitude, Behaviour, Confidence," OCDE, 2012.
35 本书作者采访。
36 本书作者采访。
37 本书作者采访。
38 劳伦斯·科恩,《游戏力》, 中信出版社, 2018。
39 同第 8 条, 见 Olivia Gazalé 的著作。
40 www.cairn.info/revue-terrains-et-travaux-2015-2-page-151.htm
41 Michael Kimmel, *Angry White Men: American Masculinity at the End of an Era* (Nation Books, 2015), 为唐纳德·特朗普的当选鼓掌的也是这些愤怒的白人男性。
42 https://lemecxpliqueur.wordpress.com/
43 本书作者采访。
44 男性说教 (Mansplaining) 一词是男人 (man) 和解释 (explaining) 的缩合词, 其灵感来自丽贝卡·索尔尼特 (Rebecca Solnit) 的《爱说教的男人》(*Men Explain Things To Me*) 一书。在这本 2008 年出版的散文集中, 她讲述了她在参加关于一位著名英国摄影师的讨论时, 一名男子迅速打断了她的发言, 长篇大论地谈论起一本关于这个主题的迷人书籍。但如果他留给她说一句话的时间, 他就会意识到, 他面前的不是别人, 正是那本书的作者丽贝卡·索尔尼特本人!

第四部分

1 详见 Larence Arlaud, "Il était une fois Des femmes, Des hommes, Des contes" (mémoire de fin d'études, IEP de Lyon, 2004-2005)。
2 在格林兄弟的版本中，王子并不是偷偷吻醒奥罗拉公主的（就像迪士尼的版本那样），他强奸了她。直到诞下两个孩子后，公主才从睡梦中醒来。
3 Kevin Diter, "L'amour c'est pas pour les garçons," *Les Couilles sur la table*, 28 septembre 2017.
4 Kevin Diter, "'Je l'aime, un peu, beaucoup, à la folie... pas du tout!' La socialisation des garçons aux sentiments amoureux," in *Terrains & travaux,* vol. 27, n° 2, 2015, p. 21-40.
5 "La galanterie est une forme de sexisme," crepegeorgette.com, 9 avril 2013.
6 "Représentation des femmes dans les publicités télévisées," CSA, 2017.
7 http://headlesswomenofhollywood.com
8 www.thewrap.com/women-given-little-to-say-in-hollywoods-biggest-films-of-2013- guest-blog/
9 Karen E. Dill et Kathryn P. Thill, "Video Game Characters and the Socialization of Gender Roles: Young People's Perceptions Mirror Sexist Media Depictions," in *Sex Roles*, vol. 57, 2007, p. 851-864.
10 "Les liaisons dangereuses entre jeux vidéo et sexisme," Lepoint.fr, 17 mars 2017.
11 Laurent Bègue, Elisa Sarda, Douglas A. Gentile, Clementine Bry et Sebastian Roché, "Video Games Exposure and Sexism in a Representative Sample of Adolescents," in *Frontiers in Psychology*, vol. 8, n° 466, 2017.
12 Dr Kpote, *Génération Q. Chroniques* (La ville brûle, 2018).
13 Nathalie Bajos et Michel Bozon (dir.), *Enquête sur la sexualité en France. Pratiques, genre et santé* (Paris: La Découverte, 2008).
14 Enquête sur l'impact de la pornographie dans le rapport au corps des Français, Ifop, 2014.
15 Philippe Brenot, *Les Femmes, le sexe et l'amour* (Les Arènes,

2012),对3404名十五岁至八十岁的处于婚恋生活中的异性恋女性所进行的调查。

16 详见 Olivia Gazalé, *Le Mythe de la virilité. Un piège pour les deux sexes* (Fayard, 2017)。

17 www.20minutes.fr/societe/2159983-20171106-norme-virile-valorise-pene- trant-stigmatise-penetre-deplore-philosophe-olivia-gazale

18 见 Sophie Ruel, "Filles et garçons à l'heure de la récréation : la cour de récréation, lieu de construction des identifications sexuées", CNRS – Colloque international pluridisciplinaire "Les enfants et les jeunes dans les espaces du quotidien", 2006。以及 Édith Maruejouls, "La mixité à l'épreuve du loisir des jeunes dans trois communes," in *Agora Débats/Jeunesses*, n° 59, 2011。或埃莱奥诺尔·吉尔伯特（Éléonor Gilbert）的纪录短片《空间》(*Espace*, 2014)，该片以小女孩的视角讲述学校操场上的男孩和女孩的分布情况。

19 详见地理学家伊夫·雷博（Yves Raibaud）的作品，如 *La Ville faite par et pour les hommes* (Belin, 2015)。

20 "Incivilité des hommes dans les transports: non au 'menspreading'!," Femmeatuelle. fr, 14 novembre 2017.

21 "L'âge au premier rapport sexuel," Ined, 2010.

22 "4 ados sur 5 déjà confrontés à des images porno graphiques," *elle.fr*, 10 janvier 2012.

23 "Les ados et le porno : vers une génération Youporn?" Ifop, mars 2017.

24 同上。

25 见奥维迪（Ovidie）2017年推出的纪录片《色情王国：新的跨国性爱公司》(*Pornocratie, les nouvelles multinationales du sexe*)。

26 同上。

27 见 Ovidie, *À un clic du pire. La protection des mineurs à l'épreuve d'Internet* (Anne Carrière, 2018)。

28 "Les addictions chez les jeunes(14-24 ans)," étude Ipsos conçue par la Fondation pour l'innovation politique, la Fondation Gabriel Péri et le Fonds Actions Addictions, juin 2018.

29 Christine Mateus, "Ados et porno, l'inquiétante dérive," Leparisien.fr, 7 juin 2018.

30 "Protéger les mineurs des infractions sexuelles," 7 février 2018.

31 "Ovidie: 'Quoi que vous fassiez, vos enfants verront du porno ! '" Lepoint.fr, 23 février 2018.

32 同第 28 条。

33 见由奥维迪执导、让-雅克·贝内克斯（Jean-Jacques Beinex）制作的纪录片《衣不蔽体》（*Rhabillage*，2011）。

34 "13 ans, encore puceau et déjà harceleur de pornstar," Vice.fr, 24 mai 2018.

35 https://www.youtube.com/watch?v=aqjp8NHHx_w

36 A. B. Francken, H. B. M. Van de Wiel, M.F. Van Driel, W.C. M. Weijmar Schultz, "What importance Women attribute to the Size of the penis ?" *European Urology,* novembre 2002.

37 Laina Y. Bay Cheng, Alyssa N. Zucker, "Feminism Between the Sheets: Sexual Attitudes Among Feminists, Non-Feminists and Egalitarians," in Psychology of Women Quaterly, vol. 31, n° 2, mai 2007.

38 Laurie A. Rudman, Julie E. Phelan, "The Interpersonal Power of Feminism: Is Feminism Good for Romantic Relationships?" in *Sex Roles*, vol. 51, n° 11, décembre 2007.

39 M. D. Johnson, N. L. Galambos et J. R. Anderson, "Skip the Dishes? Not So Fast! Sex and Housework Revisited," in *Journal of Family Psychology*, vol. 30, n° 2, mars 2016, p. 203-213.

40 M. M.Peixoto et P. Nobre, "Dysfunctional Sexual Beliefs: a Comparative Study of Heterosexual Men and Women, Gay Men, and Lesbian Women With and Without Sexual Problems," in *The Journal of Sex Medicine*, novembre 2014.

41 Marlène Schiappa, *Où sont les violeurs ? Essai sur la culture du viol* (L'Aube, 2017).

42 Enquête Virage, "Violences et rapports de genre," Ined, 2016.

43 "Insécurite et délinquance en 2017 : premier bilan statistique," Interstats, 2017.

44 "Avis sur le harcèlement sexiste et les violences sexuelles dans les transports ," Haut Conseil à l'égalité entre les femmes et les

hommes, 16 avril 2015.

45 "Cornell International survey on street harassement"。2015年5月,康奈尔大学在全球42个城市对16600人发放了问卷调查。

46 http://www.contreleviol.fr/les-chiffres/

47 J. Loverr et L. Kelly, *Different System, Similar Outcomes? Tracking Attrition In Reported Rape Cases In Eleven Countries* (Child and Woman Abuse Studies Unit, 2009).

48 Diana Scully, "Profile of Convicted Rapists," in *Understanding Sexual Violence: a Study of Convicted Rapists* (Psychology Press, 1994).

49 "Rape Myth Acceptance and Rape Proclivity. Expected Dominance Versus Expected Arousal as Mediators in Acquaintance-Rape Situations," in *Journal of Interpersonal Violence*, avril 2014.

50 Noémie Renard, *En finir avec la culture du viol* (Les petits matins, 2018).

51 Carina Kolodny, "La conversation que vous devez avoir avec votre fils à propos du viol," Huffingtonpost.fr, 10 juin 2016.

52 "Douzième rapport au gouvernement et au Parlement," Observatoire Nationale de la Protection de l'Enfance, décembre 2017.

53 "Rape myths", Kimberly A. Lonsway, Louise F. Fitzgerald, 1994.

54 详见 Kimberly A. Ionsway, Sgt. Joane Archanbault (net), Dr David Lisak, "False reports : Mouving beyond the issue to successfully investigate and prosecute non-stranger sexual assault," in *The National Center for the prosecution of violence against women*, 2009；以及 "les fausses allégations de viol sont rares," Crepegeorgette.com, 13 octobre 2014。

55 理论上应如此。但现实是,受害者很少提出申诉(仅2%的性侵犯受害者,低于13%的强奸受害者)。此外,只有15%~25%的强奸投诉能导致定罪。(来源:同53条)。不要忘了,2016年,法国仅1012人被判定犯有强奸罪,其中已包括未成年人(来源:Observatoire National des violences faites aux femmes)。

56 Michel Cymes, *Quand ça va, quand ça va pas : leur corps expliqué aux enfants (et aux parents !)* (Clochette, 2017).

57 国际计划英国分会对"月经贫困"和"月经耻辱"的研究,2017年

12月，详见: https://plan-uk.org/media-centre/plan-international-uks-research-on-period-pover- ty-and-stigma。

第五部分

1 "15-year-old boy's 'magnificent' letter about Emma Watson's speech," *The Telegraph*, 28 septembre 2014.
2 Andrew Reiner, "*The Fear of Having a Son,*" in *The New York Times* daté du 14 octobre 2016.
3 Anne Dafflon-Novelle (dir.), *Filles, garçons : socialisation différenciée* ? (PUG, 2006).
4 同上。
5 Camille Masclet, "Sociologie des féministes des années 1970. Analyse localisée, incidences biographiques et transmission familiale d'un engagement pour la cause des femmes en France" (thèse en science politique et sociologie, universités de Lausanne et de Paris VIII, 2017).
6 Camille Masclet, "Le féminisme en héritage ? Enfants de militantes de la deuxième vague," in *Politix*, De Boeck, 2015/1 (n° 109), pp. 45-68.
7 Alban Jacquemart, "Les hommes dans les mouvements féministes français(1870-2010). Sociologie d'un engagement improbable" (thèse en sociologie, École des hautes études en sciences sociales, 2011).
8 www.heforshe.org
9 若尔热特·桑曾出版图书 *Ni vues, ni connues*（Hugo Doc, 2017），呼吁反对"粉红税"。他们指出，在同类型产品中（包括但不限于洗发水、剃刀和玩具），卖给女性的产品售价往往高于给男性的。见 www.georgettesand.org。
10 Lhommefeministe.tumblr.com
11 Jean Joseph-Renaud, illustré par Pénélope Bagieu, *Petit Bréviaire du parfait féministe, ou comment répondre une bonne fois pour toutes aux arguments misogynes* (Autrement, 2015).
12 www.contraceptionmasculine.fr

13 https://zeromacho.wordpress.com
14 朱利安·巴尤是"不稳定的一代"协会和"志愿服务部雇员行动"工会的联合发起人,他积极参与了法国"黑色星期四"总罢工,还参加了"不眠之夜"社会运动,同时也为"基本收入"的实施和难民的援助问题而辩护。
15 "manterrupting"是"man"(男人)和"interrupting"(打断)的缩合词,出现在美国专栏作家杰西卡·贝内特(Jessica Bennett)于 2015 年发表的一篇文章中。社会科学界已重新意识到这一现象:许多研究表明(如 Adrienne B. Hancock 和 Benjamin A. Rubin2015 年的研究),男性更常打断女性对话者的发言,更少去倾听她们的话语。详见"Manterrupting, le sexisme ordinaire sur la voix publique," Lemonde.fr, 2 mars 2017。
16 在加蓬、刚果共和国、中非共和国和乍得等国也很常见。
17 Étude sur la pratique du repassage des seins au Cameroun, Institut pour la recherche, le developpement socio-économique et la communication (inesco), 2013.

结语

1 "Nous assistions à une chose extraoridnaire, les transformations de la paternité," Lemonde.fr, 19 juillet 2018.

不论是父母，还是儿童保育专业人士，无论是研究员，还是实地行动者，感谢所有信任我并付出了时间分享他们的知识和经验的人。

致所有那些通过自己的书写、言语和斗争，每天都在为我提供灵感和激励着我的女性。

致奥利维亚，感谢她善意和明智的建议。

致我的女同事们，她们的"大脑比身体曲线更有女人味"，感谢她们的鼓励和姐妹情谊。

致我的父母，他们允许我成为一个自由的女性。

致我的朋友们，感谢他们的帮助和关心。

致阿利克斯，他让我的日常生活成为令人兴奋的冒险。

特别要感谢的还有马尔蒂亚，感谢他宝贵的信任和支持。

Tu seras un homme -féministe- mon fils!
Aurélia Blanc
copyright © Hachette Livre (Marabout), 2018
Simplified Chinese translation copyright © 2024, Beijing Yutian Hanfeng Books Co., Ltd.
All rights reserved

著作权合同登记图字：23-2024-070 号

图书在版编目（CIP）数据

当我生的是男孩 /（法）奥蕾莉亚·勃朗著；于歌译. -- 昆明：云南人民出版社，2025.1. -- ISBN 978-7-222-23058-3

Ⅰ.G78

中国国家版本馆CIP数据核字第2024J3L761号

选题策划：	千寻Neverend
责任编辑：	柴　锐
责任校对：	柳云龙
责任印制：	代隆参
项目编辑：	火　包　　魏　舒
版权编辑：	张烨洲
装帧设计：	木
内文排版：	史　明
营销编辑：	奚嘉阳

当我生的是男孩

[法] 奥蕾莉亚·勃朗——著　于歌——译

出　版	云南人民出版社
发　行	云南人民出版社
社　址	昆明市环城西路609号
邮　编	650034
网　址	www.ynpph.com.cn
E-mail	ynrms@sina.com
开　本	1168mm×850mm　1/32
印　张	8
字　数	160千
版　次	2025年1月第1版第1次印刷
印　刷	山东韵杰文化科技有限公司
书　号	ISBN 978-7-222-23058-3
定　价	65.00元